Dramaturgia de Televisão

Coleção Debates
Dirigida por J. Guinsburg

Equipe de Realização – Edição de Texto: Jenifer Ianof; Revisão: Elen Durando; Produção: Ricardo W. Neves, Sergio Kon, Luiz Henrique Soares.

renata pallottini
DRAMATURGIA DE TELEVISÃO

PERSPECTIVA

CIP-Brasil. Catalogação-na-Fonte
Sindicato Nacional dos Editores de Livros, RJ

P195d

Pallottini, Renata, 1931-
　　Dramaturgia de televisão / Renata Pallottini. – [2.ed.].
– São Paulo: Perspectiva, 2012.
　　(Debates; 325)

　　ISBN 978-85-273-0949-3

　　1. Televisão. 2. Comunicação de massa. 3. Telenovelas.
4. Televisão - Seriados. I. Título.

12-3577.　　　　　　CDD: 791.45
　　　　　　　　　　CDU: 654.19

30.05.12　08.06.12　　　　　　　　　　　　035914

Direitos reservados à

EDITORA PERSPECTIVA LTDA

Rua Augusta, 2445 CJ. 1
01413-100 São Paulo SP Brasil
Tel.: (11) 3885-8388
www.editoraperspectiva.com.br

2022

SUMÁRIO

Prefácio – *Lauro César Muniz* 11
Introdução à Segunda Edição 17

1. Ficção Televisiva: Conceituação e Tipos de Ficção 23
2. O Unitário e o Seriado 37
3. A Telenovela e Sua Estrutura 47
4. O Primeiro Episódio e o Primeiro Capítulo 69
5. Microestrutura: O Capítulo 75
6. Macroestrutura: Minissérie e Telenovela 95
7. Gancho e Expectativa 103
8. Publicidade e *Merchandising* na Telenovela 107
9. O Tempo na TV 115
10. A Personagem na TV 121
11. O Narrador-Câmera 143

12. A Personagem Porta-voz do Autor
    (Ou o Problema do Ponto de Vista) 151
13. Telenovela: Os Bons e os Maus 165
14. Por que Telenovela? 171
15. Finalmente… 181
16. Dramaturgia de Televisão:
    Os Dez Mandamentos do Noveleiro 191

Principais Obras de Teledramaturgia Citadas 203
Da Autora 205

*À memória de Carlos Queiroz Telles
e Wilson Aguiar Filho,
noveleiros, parceiros, amigos.*

*A autora deseja fazer constar seus
agradecimentos aos colegas do Núcleo de
Pesquisa de Telenovela da ECA-USP e do Projeto
Telenovela no Brasil/Brasil na Telenovela*

*Uma civilização democrática só se salvará
se fizer da linguagem da imagem um estímulo
à reflexão crítica, não um convite à hipnose.*

UMBERTO ECO, *Apocalípticos e Integrados.*

PREFÁCIO

TV é povo. Televisão é comunicação de massa. Sem perder de vista esse pressuposto básico, Renata Pallottini opta, em seu livro *Dramaturgia de Televisão*, por uma linguagem direta, simples, sem rebuscamentos, e até com pitadas de humor, evitando o estilo acadêmico. Como Renata é doutora em artes pela Universidade de São Paulo, onde leciona dramaturgia, seria natural que enveredasse por uma terminologia técnica plena de erudição e de citações bibliográficas. Mas não, ela, cuidadosamente, mantém o livro numa linguagem acessível, o que garante o encanto e o envolvimento de uma exposição clara, didática e ao alcance de todos, como a televisão.

Nesse percurso de exposição indolor, vai organizando a nomenclatura dos vários formatos de teledramaturgia, definindo o que são o programa unitário, o seriado, a minissérie e a telenovela, sem se esquecer da *soap opera*, um gênero de boa aceitação na televisão americana. Compõe seu livro como observadora atenta, citando vários exemplos da recente teledramaturgia brasileira e embasando seus ensinamentos em algumas referências históricas, que vão do teatro grego ao cinema, passando pela ópera e pelo melodrama.

Ao escrever um livro com tanto carinho, Renata revela uma nítida predisposição a favor do gênero telenovela, ajudando a derrubar certas resistências ainda existentes nos círculos acadêmicos. Uma ótima lembrança reforça sua posição de defesa da telenovela: nos primeiros anos do cinema, e mesmo até o advento do filme sonoro, havia por parte de uma elite intelectual um claro preconceito contra o cinema, hoje aplaudido como a chamada sétima arte. O mesmo acontece com a telenovela, vista por muitos apenas como um gênero de comunicação de massa, sem nenhum valor estético. É claro que boa parte da produção literária, do teatro e do cinema tem função apenas hipnótica e alienante, como ocorre com a maioria das telenovelas. Mas, no Brasil, são vários os exemplos de telenovelas que se arriscaram a desafiar os padrões de comunicação mais elementares, buscando uma linguagem aprimorada, cuidadosa, chegando muitas vezes a abordar temáticas fortes, contundentes, até a realizar contribuições para a discussão de problemas emergentes do país. E na própria Universidade de São Paulo muita gente séria, como a Renata, está se voltando para o estudo da telenovela como um gênero de manifestação artística que tem suas peculiaridades. Como o cinema, que impôs sua linguagem e conquistou seu espaço entre as artes, a telenovela busca também – principalmente no Brasil – seu *status*.

Um dado muito importante confere originalidade e dinâmica própria à telenovela, diferenciando-a de outros gêneros de comunicação: na medida em que é escrita ao mesmo tempo que é exibida, a telenovela estabelece uma espécie de diálogo com seu numeroso público. A diferença de tempo entre um capítulo exibido e um capítulo escrito é pequena, provocando um forte e rápido fluxo de retorno de informações para o autor. Esse dado fascinante, que só existe na telenovela, coloca o público como realimentador da obra. É o que este livro discute com muita propriedade, ao abordar o conceito de "obra em aberto", ou de caráter aberto, diferenciando a telenovela dos demais gêneros.

Uma discussão que quase sempre aparece quando se lança um trabalho que pretende discutir ou estabelecer leis de dramaturgia é se essa teoria vai gerar uma camisa de força, um entrave à criatividade e livre expressão. A arte é um mistério até que ponto?

No momento em que se reúnem numa sala atores e plateia, é claro que um fenômeno de comunicação os enlaça e congrega. Trata-se de um fenômeno ao alcance de nossa compreensão, possível de ser medido e apreendido, ou trata-se de um mistério insondável? É uma questão que muitos filósofos e estetas tentaram responder. Não corresponde ao mesmo fenômeno de fruição solitária do livro – romance ou poesia. O leitor pode estabelecer seu tempo de consumo da obra, e o espectador teatral, não. Ele está à disposição do espetáculo, mas deseja logo ser envolvido pelo que está vendo. Coloca-se numa posição inicialmente passiva, dando um crédito de confiança ao que vai assistir, mas logo manifesta certa impaciência se o assunto do palco não o cativa nem o sensibiliza pela emoção ou pela razão. Numa boa obra teatral, isso ocorre muito rapidamente: em determinado momento, as relações das personagens do palco atingem o espectador de forma contundente, o envolvem, o fascinam, e ele se sente nas malhas da peça a que assiste. E por que ele é envolvido e cativado pelas personagens da peça? Que tipo de relações ocorre entre aquelas personagens que conseguem fazer o espectador ter a sensação de estar preso e completamente entregue à fábula? É uma forte identificação em nível de caracteres de personagens? Ou das relações de várias personagens? Que sensação curiosa é essa que faz o espectador sentir-se como participante daquelas ações no palco? Por que ora ele relaxa, ora se envolve, exigindo soluções para o que vê? Por que se frustra com a falta de soluções e, logo em seguida, se sente gratificado e aliviado por ver as soluções que deseja em andamento? Por que ri? Por que chora? Por que apoia ou rejeita o que vê? Por que em determinados momentos se sente entediado, e em outros, absolutamente em suspense? Que malha de expectativas, que safadas armadilhas a obra lhe provoca e por quê?

Falamos de teatro por ser uma arte mais antiga e plena de análises e teorias, mas fenômeno semelhante se dá com o filme na tela e a plateia no cinema, ou, mais recentemente, com o vídeo e o telespectador. As respostas a essas e outras perguntas possíveis estão na sistematização, nas chamadas leis da dramaturgia. Vários teóricos, através dos tempos, tentaram analisar as inter-relações e constantes que existem na obra dos dramaturgos ou roteiristas que atingiram uma comunicação com seu público. E, a partir do denominador comum encontrado em várias obras bem-sucedidas, foi possível estabelecer os parâmetros mínimos que propiciaram essa comunicação de forma bastante efetiva. Na verdade, as leis da dramaturgia não são camisas de força a restringir a criatividade, mas parâmetros úteis que facilitam a comunicação, valor estético à parte.

Se a comunicação com o público no teatro e no cinema pode sofrer riscos ao optar por uma mensagem mais hermética e subjetiva, na televisão – e, sobretudo, na telenovela – a plena comunicação é fator absolutamente imprescindível. Estamos no campo da comunicação de massa e não faz sentido ignorar a própria finalidade da obra e seu público tão eclético. Em busca dessa comunicação plena, os parâmetros que a teoria dramatúrgica oferece são instrumentos fundamentais.

Embora Renata Pallottini, neste livro, aponte a ficção para a televisão como pertencente ao gênero épico, narrativo – no qual a câmera cumpre o papel de narrador –, ela reconhece também que tanto a estrutura básica geral da novela (que ela muito apropriadamente chama de "macroestrutura") como a estrutura de cada capítulo em particular (microestrutura) se vinculam claramente ao gênero dramático e, como tal, em essência, estão sujeitas aos parâmetros de comunicação que regem o fenômeno teatral. Sendo assim, o livro desenvolve as coordenadas básicas para a compreensão clara do que é ação dramática e quais os mecanismos que interagem dialeticamente nas personagens capazes de gerar esse fenômeno de comunicação. Embora o assunto seja complexo, alguns capítulos desenvolvem explicações muito claras, com generosos exemplos práticos, tornando o assunto, aparentemente árido, matéria de fácil assimilação.

Para os que desejarem se aprofundar mais e mais nesse fenômeno que é o motor da comunicação dramática, há um livro brilhante da mesma autora: *Introdução à Dramaturgia*[1]. É, sem dúvida alguma, o livro mais profundo sobre o assunto escrito em língua portuguesa. Este, ao contrário de *Dramaturgia de Televisão,* é um livro de tom acadêmico, parte da tese de doutoramento da autora na Escola de Comunicações e Artes da Universidade de São Paulo.

Se o fenômeno da comunicação dramática pode ser satisfatoriamente analisado e compreendido a partir dessas teorias – e esses livros são o melhor exemplo disso – ainda assim, para muitos, o valor estético da obra fica por conta do insondável mistério.

Alguém me contou há tempos uma anedota mais ou menos assim:

Um aluno de Lope de Vega ficou muito chateado quando o mestre criticou sua peça.

– Mas mestre! Eu fiz tudo conforme o senhor me ensinou! Criei personagens populares ao alcance da compreensão de todos! Esses personagens entram em choque por razões justas! Depois de longa discussão e peripécias chega-se a um bom desenlace moral... Se eu coloquei no ato tudo que o senhor me ensinou, o que me faltou para agradar ao senhor?

– Faltou... talento!

– Talento? E como é isso?

---

1. Renata Pallottini, *Introdução à Dramaturgia*, São Paulo: Ática, 1988.

– Um mistério...
Nem tanto, admitiria Lope de Vega a seu pupilo, se tivesse lido os livros de Renata Pallottini. Está certo o espanhol: a criação artística é mesmo um mistério; talento não se codifica. Mas a informação teórica pode estimular, e muito, a criatividade. Não há sempre uma correlação íntima entre forma e conteúdo? O domínio da técnica abre as portas para a expressão interior do artista...
Dramaturgia de Televisão é uma chave preciosa...

Lauro César Muniz

INTRODUÇÃO À SEGUNDA EDIÇÃO

Já estava boa parte do material aqui reunido escrita ou pensada quando tive a oportunidade de testar novamente minhas observações na prática, depois de algum tempo de afastamento dos roteiros para a tela pequena. O convite que me fizeram para isso foi válido por várias razões e, principalmente, pela chance que tive de atualizar o contato com bons diretores e autores – não importa aqui identificá-los –, e voltar a pôr em prática um trabalho que corria o risco de tornar-se perigosamente teórico.

E a labuta começou: tratava-se de escrever *apenas* uma telenovela. Naturalmente, era preciso começar por uma sinopse – a história básica, concretizável na chamada *story line*, já existia – e criar o perfil das personagens, ou seja, a lista de caracteres e seu desenho pessoal.

Logo no início da tarefa surgiram os primeiros problemas: é conveniente, para um escritor, trabalhar sobre a base de uma história alheia? É possível que o autor desse enredo fundamental se desligue tanto dele a ponto de permitir que outra pessoa tome posse desse material e crie a seu gosto? Até onde deve o autor de uma teleficção, um escritor, enfim, escrever sob encomenda? E não escrevemos todos nós, afinal, sob encomenda, quando trabalhamos para a televisão? Outros problemas e outras indagações surgirão, mas podemos ficar, por enquanto, com essas, e tentar responder, ainda que provisoriamente, às primeiras dúvidas surgidas.

Assim, por exemplo, podemos dizer de início que é quase impossível afastar a hipótese de trabalhar sobre ideia alheia, em televisão. Os exemplos se sucedem: minisséries baseadas em romances consagrados, adaptações famosas de narrativas, de filmes, de teatro e, simplesmente, o desenvolvimento de um *plot* inicial, devido à imaginação de um diretor, escritor, ator etc.

Portanto, não há mal nenhum, inicialmente, em trabalhar nessas condições. Mas, ai! Afaste-se o neófito – que por acaso tope com essas observações – do autor ciumento, que não come e não deixa comer, ou seja, de alguém que, não sendo escritor, não pode desenvolver sua ideia, mas também não pode conceber que outro a desenvolva, naturalmente acrescentando, criando, inventando. Em suma, os problemas de escrever sobre a ideia alheia provêm, tão somente, dos tipos de relações pessoais que se estabelecerem na prática. Em teoria, nada a opor.

Por outro lado, sobra o problema de saber se a história original agrada a quem vai desenvolvê-la: gostamos desse enredo original? Ele nos estimula? Concordamos com as ideias ali expostas? Elas correspondem à nossa visão de mundo?

Devo confessar que, atraída pelos vários chamarizes da proposta, aceitei uma história que não me agradava, o que não quer dizer que ela não tivesse qualidade em si mesma. Esse é sempre um mau começo: se não existe empatia, se não conseguimos gostar das nossas personagens e do que elas fazem (ainda que façam coisas detestáveis, precisamos acreditar nelas), muito dificilmente vamos conseguir criar com esse material. E aqui, então, ficou-me a segunda lição: não aceite trabalhar sobre história e personagens que não falem à sua imaginação... a não ser que os motivos sejam, realmente, muito fortes.

Quanto à questão de trabalhar sob encomenda – principalmente em televisão –, a verdade é que esse é um método do qual dificilmente conseguiremos fugir dentro do gênero teleficção. A televisão deve e precisa atuar em equipe. É muito comum alguém da equipe, que não seja necessariamente o autor, dar-se conta de que o veículo está pedindo, neste momento, determinada história ou determinado formato. Definida tal realidade, dentro do mundo consumista do veículo, que está sempre querendo saber – e sabe – o que o público deseja ver agora, é lógico que os autores sejam convidados a escrever a história correspondente. O público quer uma telenovela rural? Ou precisa de uma história de época? Pede um enredo contemporâneo, urbano, violento? Se o orgânico da televisão, ainda mais da televisão comercial, descobriu ou pensa ter descoberto quais são as exigências da audiência, o normal é que essas exigências tenham de ser satisfeitas pelo profissional, que está aí para isso.

Também é verdade que o escritor, um ser dotado de suas próprias antenas, pode descobrir antes de qualquer outro a necessidade emergente do público consumidor. Por outro lado, ele pode, como artista, não atender a essa possível necessidade do público, mas sim adiantar-se a ele e propor-lhe novas ideias. É, aliás, o que faz o melhor autor.

Mas, voltando à minha experiência: aceitei, portanto, trabalhar sobre a ideia alheia e sobre uma ideia que não me entusiasmava. Qual foi o resultado?

Não foi brilhante, mas muito útil como experimento. Disso resultou, em apenas um mês de trabalho, uma sinopse digna, um rol de personagens e seus perfis que correspondiam ao proposto pela ideia inicial, mas que também atendiam a minha necessidade de coerência, e alguns capítulos eficientes que serviram para afiar de novo os instrumentos de trabalho. Voltei a encarar o problema do primeiro capítulo e sua enorme importância. Mais uma vez tive de pensar na distribuição do material ao longo dos seis meses (no mínimo) que dura uma telenovela; novamente tornaram-se vitais a questão do comportamento das personagens, o aspecto moral da criação televisiva e suas relações com o mundo da imaginação do telespectador, tantas vezes hipócrita e preconceituoso.

Em suma, o que era teoria virou prática, o que era passado tornou-se presente, o que era problema dos outros passou a ser meu problema: as trinta páginas do capítulo, as seis horas de trabalho diário – no mínimo –, os embates com a direção e a produção, até mesmo as solicitações do ator, vítima das dificuldades do mercado de trabalho.

Foi útil, estimulante, perigoso. As reuniões nem sempre eram doces – quase nunca foram. As observações vindas de profissionais competentes normalmente se revelavam corretas, mas falhavam quando eram fruto de ansiedade, medo, insegurança. O pior é que a ansiedade, o medo, a insegurança são, muitas vezes, companheiros de trabalho constantes de quem faz televisão.

Um dos objetivos, e talvez o mais importante, de eu aceitar aquela proposta de trabalho se revelou, afinal. Não foi dessa vez que voltei a escrever telenovela. Mas foi dessa vez que aprendi mais um pouco do que, hoje, tento colocar nestas observações.

Continuando: estavam as linhas acima já escritas (e quase impressas) quando um novo estímulo surgiu para a redação de um livro do gênero *dramaturgia de televisão*: a constituição de um grupo, um núcleo de trabalho organizado na Universidade de São Paulo, dedicado exatamente ao estudo da telenovela (e obras afins), ou seja, ao estudo da linguagem, da estrutura, da dramaturgia da teleficção!

Era, além de um estímulo, uma vitória: pela primeira vez a universidade se preocupava, e se preocupava organizadamente, organicamente, com um gênero *menor, popular, massivo, alienante...* e mais o que se queira dizer, no sentido de desqualificá-la, sobre a teleficção brasileira.

É que essa teleficção – notadamente a telenovela – tinha se transformado num produto vendável e de sucesso, num tipo de programa que veiculava informações sobre o país: idioma, costumes, música, autores, atores, paisagem e povo. É indiscutível que a telenovela brasileira atingiu, nos dias que correm, um ótimo grau de qualidade em realização; ela é, em geral, bem escrita – observando-se as convenções do gênero –, bem interpretada, bem iluminada; tem bons cenários e figurinos, boa maquiagem e locação. A telenovela atingiu, enfim, a idade adulta. É um produto que se pode, tranquilamente, vender, e vender bem.

Que uma nação não é só aquilo que vende, estou de acordo; mas é melhor, e seria infinitamente melhor, se pudéssemos, cada vez mais, exportar a produção das nossas emissoras televisivas, do nosso cinema, do nosso teatro, dos nossos compositores, e importar cada vez menos, quem sabe até o grau zero, o sangue e a porrada enlatados. Se um livro que pretende ajudar a entender e a realizar o texto para qualquer um desses tipos de espetáculo mencionados for útil, estarei feliz.

A boa repercussão que, em termos de público e outros, teve a primeira edição deste livro, me leva a enfrentar uma nova versão. É um enfrentamento porque, dada a forma ágil como ocorrem as coisas na televisão brasileira, novidades de ontem são agora fatos corriqueiros, a todo instante ameaçados em sua permanência por surpresas que estão à sua espera na primeira esquina criativa ou dobra tecnológica. Estudar essas surpresas e analisá-las de novo, voltar a ver o texto anterior e complementá-lo onde cabia foi meu objetivo.

Nestes treze anos, a teleficção consolidou-se, vários setores da análise dramatúrgica detiveram-se nela, uma produção acadêmica respeitável foi realizada e publicada. Enfim, o desafio aumentou, estendeu-se, e motiva-nos a voltar. Aqui estamos.

Felizmente, posso dar continuidade ao que escrevi na minha introdução à primeira edição deste livro, pois o público me deu o seu aval, o que me leva a lhe oferecer uma nova publicação da obra em nova versão. Evidentemente, tem-se aí uma ampliação de campo que, por sua vez, propõe um desafio à tentativa de mapeá-lo e compreendê-lo. É o que motiva esta reedição de *Dramaturgia de Televisão*.

1. FICÇÃO TELEVISIVA: CONCEITUAÇÃO E TIPOS DE FICÇÃO

Bastará que se consulte qualquer jornal diário brasileiro nos dias que correm e, nesse jornal, as colunas que tratam da programação de TV, para que se chegue a uma conclusão simples: de cerca de dezoito horas de programação, aproximadamente seis delas, ou seja, um terço do tempo, correspondem a programas de ficção, basicamente telenovelas. Numa das ocasiões em que tentamos nos fixar nessa distribuição, cinco desses programas eram telenovelas brasileiras e um correspondia a capítulos de uma série mexicana. Em outra oportunidade, havia no ar quatro telenovelas brasileiras, três mexicanas, uma minissérie e os episódios de um seriado, fazendo ultrapassar as seis horas mencionadas.

Por aí começa-se a encontrar as razões da importância da tentativa de uma análise da ficção veiculada por TV. Afinal, o que é isso? Narrativa adaptada, narrativa ou história original, gênero novo, invenção do século?

É de se notar que não entram em nossas contas os filmes veiculados pela televisão feitos originalmente para o cinema (*Cinema em Casa*, *Tela Quente* etc.); também não entram os chamados "filmes para TV", obras cinematográficas que utilizam a película de celuloide, mas que já se propõem à veiculação por televisão. Hoje em dia, é bastante difícil – para o leigo – distinguir um unitário de televisão (programa feito para ser visto de uma só vez, com internas e externas, ou seja, com cenas feitas em estúdio e outras feitas ao ar livre, em locações) do filme feito para TV. Mas a diferença existe e, a olhos atentos, revela-se em detalhes de definição e qualidade de imagem. Deve-se notar ainda que, muitas vezes, a película acaba por ser passada a videoteipe, complicando ainda mais as identificações do gênero inicial.

Respeitados certos limites da realidade social, sempre que se trate de gente que escapa à miséria absoluta ou à riqueza total, digamos assim, o aparelho de televisão passou a fazer parte do cotidiano da humanidade, indispensável, como o fogão e a cama, nas moradias comuns. E esse aparelho onipresente na nossa sociedade transmite, durante boa parte do seu tempo de exibição, a chamada ficção televisiva.

Ora, o programa televisivo de ficção é a história, mais ou menos longa, mais ou menos fracionada, inventada por um ou mais autores, representada por atores, que se transmite com linguagem e recursos de TV, para contar uma fábula, um enredo, como em outros tempos se fazia só no teatro e depois se passou a fazer também no cinema.

A ficção de TV utilizou toda a experiência desses dois veículos, o teatro e o cinema, e acrescentou-lhes os recursos do rádio, sem esquecer uma das mais ricas e permanentes fontes de matéria ficcional, a narrativa pura, a literatura de gênero épico, escrita ou não.

Tudo isso junto, teatro, narrativa, cinema, rádio e mais alguma coisa peculiar, redundou nas histórias televisadas, cada vez mais atraentes, na medida em que veiculam um conteúdo intencionalmente simples, tornado interessante pela utilização de técnicas mais sofisticadas e, ainda, de atores cada vez mais mitificados e idolatrados.

Naturalmente, quando se fala em ficção televisiva não se está falando apenas de telenovela – embora, é claro, a telenovela seja a rainha do gênero, graças à aceitação popular e até ao barateamento dos custos que a sua extensão supõe. Assim, quais são os subgêneros e suas características? O que é aquilo que, não sendo telenovela, também se vê como ficção em TV?

Em primeiro lugar, seria importante notar que não se tentará fazer a distinção entre os vários tipos de programa de ficção televisiva por seu conteúdo. Realmente, seria difícil, quase impossível, distinguir e classificar as numerosas espécies de histórias, fábulas e assuntos que se podem abordar na teledramaturgia.

Vamos buscar conceituar o gênero de acordo com suas características formais, sua linguagem própria e inerente, só nele encontrada. Isso porque é exatamente por essas características – e não por ser de aventura, ou de amor, ou cômico – que um programa de TV se caracteriza como tal. Pode-se ter "aventura" em novela literária, em cinema, e até mesmo em histórias em quadrinhos; "comédias", "dramas de amor", "farsas" encontram-se no teatro, no cinema, na literatura. Mas um programa de ficção televisiva, com as características de ficção e de TV, com a linguagem própria desse veículo, só se obterá dessa forma e por esse meio (ao menos primariamente).

Assim, o que se fará nesta oportunidade é tratar de classificar programas ficcionais de TV por intermédio de suas características de extensão, tratamento do material, unidade, tipos de trama e subtrama, maneiras de criar, apresentar e desenvolver as personagens, modos de organização e estruturação do conjunto – por meio, enfim, da linguagem própria de TV.

Começaríamos, então, por abordar aquilo que em certos países do continente americano com muita felicidade se deliberou chamar de *unitário*. Trata-se, como o nome indica, de uma ficção para TV levada ao ar de uma só vez, com duração de aproximadamente uma hora, programa que se basta em si mesmo, que conta uma história com começo, meio e fim, que esgota sua proposição na unidade e nela se encerra.

Seria interessante, talvez, um pouco da história, no Brasil, desse tipo de programa, um dos mais tradicionais e bem-sucedidos da teledramaturgia e produção para TV. De fato, o unitário, tal como estamos tratando aqui, surgiu no Brasil como uma peça de teatro levada ao ar pela televisão, inicialmente ao vivo. Tratava-se de um texto escrito originalmente para teatro, depois adaptado para TV – às vezes, adaptado quase no ato da exibição por diretores e produtores que conheciam a arte teatral, o rádio, o cinema, e estavam começando a conhecer a linguagem televisiva.

Naturalmente, uma coisa é encenar um texto em estúdio, com cenários, móveis e objetos de cena, iluminação especial, limites fixos, paredes construídas precariamente com materiais que apenas lembram a realidade – por isso o unitário não é ilusionista –, e outra coisa é levar o texto para uma locação de tipo cinematográfico, realista, como a que o texto pede – histórias de praia na praia, histórias de neve na neve. Aí, principalmente, está a distinção entre o que era o teleteatro e o que se tornou o unitário.

O teleteatro se aceita como teatro em TV, assume as regras do jogo teatral e as realiza no estúdio de televisão; o resultado é transmitido diretamente ao público, ou gravado em fita para posterior exibição. Faz-se, por exemplo, toda a tragédia do rei Lear num estúdio circular – como o faziam os elisabetanos num palco reduzido –, usando um trono, umas palhas, cortinas, vento, relâmpagos, trovões, tudo trucado, tudo artificial.

O unitário atual vai à Inglaterra, aos rochedos de Dover, aos antigos castelos, e o resultado, completamente diferente, tem mais a ver com o cinema do que com o teatro; é um tipo de TV, diferente do que identificamos como teleteatro, é uma espécie nova do gênero ficção televisiva.

O nome *teleteatro* era uma clara referência às origens do programa e também aos muitos pontos comuns que ele mantinha com o gênero dramático. Naturalmente, em diversas ocasiões, tentou-se modificar ou melhorar esse nome, às vezes recorrendo a variações genéricas ("TV de vanguarda", "TV de comédia", "teledrama", "teletema", "tele--história", "teleconto"). Outras vezes se recorria às especificações técnicas de feitura, para tentar nomeá-lo, como no clássico *Câmera Um*, programa feito com um *olho* único.

Muito tempo passou até que a TV Globo tentasse inovar na identificação do velho teleteatro. Ele já não era mais feito ao vivo, tinha textos próprios, literatura exclusiva, identificável, catalogada, com características peculiares. Assim, a certa altura dos tempos, a TV Globo passou a chamar o unitário de Caso Especial.

Caso? E *especial*? Por quê? Nunca houve uma boa resposta para isso, mesmo que se pense em termos de conteúdo, gênero, especificidade ficcional etc. Na verdade, a designação *caso especial* só nos mostrava que a própria Globo, com seus mil departamentos especializados em tudo, não conseguira encontrar um nome realmente adequado para o velho teleteatro. Ou então, em termos publicitários, que o nome proposto respondia bem a alguma desconhecida exigência do público.

Por isso, esquecendo o caráter dos assuntos, o modo de feitura (com técnica cinematográfica, ou televisiva, ao vivo, gravado), eu apontaria o nome *unitário* como aquele que me parece o mais conciso, o mais expressivo e apropriado para designar o tipo de programa de que tratamos até aqui.

As coisas se complicam quando passamos do unitário para os programas de maior duração, os que se poderiam chamar, genericamente, e de maneira não muito interessante, de não unitários. Inicialmente, poderíamos classificá-los em:

- minisséries;
- seriados;
- telenovelas.

A *minissérie* é uma espécie de telenovela curta, cujo texto está totalmente fechado, comumente, quando começam as gravações. É uma obra já então definida em sua história, peripécias e final, no momento em que se inicia. Não comporta, em geral, modificações a serem feitas no decurso do processo e do trabalho, como a telenovela de modelo brasileiro.

Historicamente, no Brasil, esse programa já foi chamado de *telerromance*, sempre que fosse o resultado de adaptação da obra literária correspondente. Tratava-se de programa com a duração de dez capítulos ou pouco mais, em que se apresentava, usando a linguagem da TV, um romance consagrado da literatura mundial, de preferência brasileira. A expressão foi lançada em São Paulo pela TV Cultura, emissora pública que programou e levou ao ar uma longa série de telerromances e, também, de telecontos.

A minissérie é hoje, para nós, um programa que tem, geralmente, de cinco a vinte capítulos (essa duração é arbitrária, mas não pode, de maneira nenhuma, aproximar-se da duração padrão de uma novela, que tem, em média, duzentos capítulos). É, como foi dito, em geral um trabalho totalmente fechado, que tem continuidade absoluta – a mesma de uma telenovela –, cuja unidade se completa na visão da totalidade dos capítulos e é garantida pelo conjunto do assunto, e cujos capítulos possuem a mesma unidade relativa de um capítulo de telenovela; pareceria, mesmo, que a minissérie nada mais é que uma telenovela pequena. No entanto, em sua técnica de escrita, ela se assemelha mais a um filme longo de cinema. Supõe apenas uma trama importante, desenvolvida ao longo dos capítulos, e não a multiplicidade de tramas que caracteriza a telenovela.

Exemplos de minisséries bem-sucedidas ultimamente no Brasil são: *A Casa das Sete Mulheres*, *Maysa* e *Dalva e Herivelto*. Internacionalmente, são minisséries autênticas as que mostram biografias de grandes artistas – Lorca, Verdi, Puccini –, produzidas pelas televisões europeias.

A minissérie desenvolve, na verdade, uma trama básica, à qual se acrescentam incidentes menores. Se biográfica, gira em torno de uma vida humana; se ficcional por inteiro (e supomos sempre que as biografias mencionadas sejam ficções que têm por base a vida de uma personalidade conhecida), a minissérie procura se conter num *plot*, num conflito básico, numa linha central de ação bem definida, não comportando a diversidade de linhas de ação da telenovela, às vezes só consolidadas depois que ela já está em andamento.

Reconhecemos, no entanto, que aqui se encontra o problema de mais difícil solução, quando se pensa em classificar a produção teledramatúrgica. Conforme as condições de produção dos diversos países, torna-se difícil determinar o que é minissérie e o que é telenovela. Não é assim no Brasil, onde, como dissemos e voltaremos a dizer com mais razões, a telenovela é uma obra em processo, em aberto. Mas a regra brasileira não vale para toda a América Latina ou para o mundo. Em Cuba, por exemplo, são produzidas telenovelas com sessenta capítulos, totalmente escritos ao iniciarem-se as gravações. Seriam elas, em nossa nomenclatura, verdadeiras telenovelas ou minisséries não tão minis?

Talvez reste a solução de nos atermos às características da produção brasileira, tentando fixar uma nomenclatura que atenda às nossas necessidades, tendo sempre em vista que, em cada caso, teremos de examinar novamente o problema.

Algo de diferente acontece com o *seriado*. O seriado é uma produção ficcional para TV, estruturada em episódios independentes que têm, cada um em si, uma unidade relativa. A unidade total é inerente ao conjunto, ao seriado como um todo, mas difere, claro, da sequência obrigatória e indispensável da minissérie. Esclareçamos: uma minissérie conta uma única história, gira ao redor de uma trama básica; o espectador depende muito mais do conhecimento do capítulo anterior para avaliá-la e conhecê-la toda. Não é assim com o episódio do seriado. *Anos Dourados* foi uma minissérie; *Malu Mulher* foi um seriado. Nesse caso, tendo como centro a protagonista, suas características, seu momento de vida, suas crenças e dificuldades, contavam-se episódios e momentos críticos dessa trajetória. A unidade do seriado pode ser dada pelo protagonista, pelo tema ou pela época, ligada, às vezes, ao local de ação; mas, fundamentalmente, a unidade se dá por um propósito do autor, uma visão de mundo que ele pretende transmitir.

Os episódios do seriado – e, aqui, preferimos chamar as partes do programa de episódios, em vez de capítulos, como fazemos com os demais, exatamente para fixar seu caráter relativamente independente – têm uma estrutura mista, entre a estrutura do unitário e a do capítulo. Um episódio deve contar sua história, inserir-se no conjunto, respeitar as características lançadas pelo programa no seu total. Por exemplo, Malu é uma mulher brasileira, relativamente jovem, divorciada, tende à independência, é bonita, inteligente, e luta para sobreviver dentro de sua classe social, buscando trabalhar e reencontrar o amor, em *todos os episódios*. A personagem foi criada dessa forma e suas condições de localização no tempo e no espaço, suas ligações familiares, seu ambiente de trabalho são assim mantidos.

No entanto, ao mesmo tempo que cada episódio contará a história de um determinado momento da vida de Malu e das demais personagens, é inegável que *alguns* desses momentos acarretarão, na vida da personagem Malu, certas modificações fundamentais, que irão transformar sua vida futura e, portanto, os episódios futuros. Assim, o episódio que conta a história da primeira menstruação da filha de Malu passa a ocupar um espaço determinado na série; seu lugar na ordem da exibição não pode ser aleatório. Ele *deve* preceder alguns episódios e suceder a outros.

Essa característica se vê, aliás, nos longos seriados norte-americanos, como *Bonanza*, que se arrastam por muitos anos e que, naturalmente, estão sujeitos à passagem normal do tempo sobre personagens e atores. A certa altura da história, um ator pode morrer, tornar-se inviável, afastar-se da produção. Nesses casos, a personagem será apartada da ficção, substituída ou eliminada prosseguindo a série sem ela.

Portanto, creio que se pode chamar de seriado uma ficção televisiva contada em episódios, que têm unidade relativa suficiente para que possam ser vistos independentemente e, às vezes, sem observação de cronologia de produção. A unidade total do conjunto é dada pelo autor e pela produção. Essa base de unidade se consubstanciará em personagens fixas, no tratamento de uma época, de um problema, de um tema (a feminilidade, a desigualdade social, o poder do dinheiro, o heroísmo dos motoristas de caminhão, o dia a dia de uma delegacia de polícia etc.). É isso que, realmente, unifica o seriado. Seus episódios serão, pois, uma consequência desse tratamento básico, dessa cosmovisão, e terão como característica a convergência da unidade relativa de cada episódio com a unidade do seriado como um todo.

E a *telenovela*? Como se poderia caracterizar a rainha de audiência e, principalmente, como ela se distingue da minissérie?

Antes de mais nada, talvez fosse interessante trazer à baila algumas informações sobre a origem do termo, informações que nos esclareçam o sentido atual do gênero.

Segundo parece, a palavra *novela* remonta ao italiano *novella*, portanto, ao latim *novellus*, *novella*, *novellum*, adjetivo, diminutivo, originário de *novus*. Do sentido de *novo*, a palavra derivou para o de *enredado*. Substantivando-se e adquirindo denotação especial, durante a Idade Média acabou significando *enredo*, *entrecho*, vindo daí *narrativa enovelada, trançada*.

Durante algum tempo, a palavra foi empregada no sentido de narrativa fabulosa, fantástica, inverossímil (inverossímil!). Só no romantismo, mercê da profunda metamorfose cultural desencadeada em toda parte, é que a palavra *novela* ganhou a significação literária que possui atualmente.

A paternidade da *novella* coube às canções de gesta. Cantadas por trovadores, elas confundiam o fantástico com o verídico. A narrativa crescia cada vez que o mesmo trovador, ou outro, se dispunha a repeti-la. A certo momento, os fatos históricos se desfiguravam e a extensão da obra atingia limites extremos. O poema começou a ser lido em público e passou a ser posto em prosa. Assim, com a prosificação de algumas canções de gesta, a novela despontava como forma autônoma e caracterizada.

Essas informações que, naturalmente, não são inéditas, mas continuam interessantes, foram colhidas da obra *A Criação Literária*, do professor Massaud Moisés. E elas nos trazem curiosas observações, que nos ajudam a resgatar o gênero telenovela do emaranhado novelesco, que é a própria história desse gênero literário.

Em primeiro lugar, nota-se que, na origem, a novela era ou podia ser enredada, entrançada, literalmente enovelada; podia ser ainda inverossímil, exatamente a acusação que mais frequentemente se faz à telenovela! Nota-se, também, a extensão do gênero, e se dirá que as primitivas canções iam sendo aumentadas até atingirem tamanho excepcional; exatamente outra das acusações que ainda hoje se fazem ao gênero telenovela...

A novela não seria, pois, ao menos em sua origem, uma história que se preocupasse com dimensões equilibradas (a busca de equilíbrio dos diversos aspectos da narrativa é, como sabemos, uma obsessão de Aristóteles em sua *Poética*), nem com verossimilhança, nem com realismo ou coerência, outras das exigências da poética aristotélica. Supunha-se, ainda, que ela devesse, como *novella* que era, trazer ao seu leitor (ou ouvinte) *novidades* no seu entrecho, peripécias, complicações, aventuras, acontecimentos novos.

Verifica-se, portanto, que a telenovela honra várias exigências estilísticas de sua nobre antecessora: ela, de fato, não tem preocupações maiores de extensão e dimensão; tem como dever primordial introduzir novidades praticamente em todo capítulo; é, às vezes, como já dissemos, fantástica, fabulosa, podendo ser, ainda, incoerente e inverossímil. E é, com certeza, enredada, enovelada, enroscada, entrecruzando tramas, caminhos de enredo, histórias, conflitos e linhas de ação.

Vamos, obrigatoriamente, partir do modelo brasileiro para tentar chegar a um desenho a respeito da telenovela que seja mais abrangente. A telenovela seria, assim, uma história contada por meio de imagens televisivas, com diálogo e ação, criando conflitos provisórios e conflitos definitivos; os conflitos provisórios vão sendo solucionados e até substituídos no decurso da ação, enquanto os definitivos – os principais – só são resolvidos no fim. A telenovela se baseia em diversos grupos de personagens e de lugares de ação, grupos que se relacionam interna e externamente – ou seja, dentro do grupo e com os demais grupos; supõe a criação de protagonistas, cujos problemas assumem primazia na condução da história. E, na atualidade, tem uma duração média de 160 capítulos, sendo que cada capítulo tem, aproximadamente, 45 minutos de ficção.

Faz parte do esquema da telenovela brasileira o fato de ter ela seus trabalhos de produção e gravação iniciados antes de estar totalmente escrita. Sua gravação pode começar com vinte, trinta ou cinquenta capítulos já escritos e prontos para a produção, mas na quase totalidade dos casos – e nos últimos dez anos tivemos uma única exceção – a redação da telenovela prossegue com ela no ar. Dessa forma, está sujeita ao julgamento do público e da crítica, modifica-se, se for necessário, pelo menos nos detalhes mais ou menos importantes, quando não no caminho principal que havia sido previsto pela sinopse.

Muito já se tem dito sobre a tirania do Ibope, o domínio absoluto que, sobre a telenovela brasileira, as pesquisas de audiência exerceriam. A verdade é que, seja por meio dos institutos profissionais de pesquisa, seja por meio de seus instrumentos particulares, as emissoras se informam sobre o índice de audiência e dão importância a esses números. No entanto, não é verdade que a audiência determina a novela. Embora o fato de ela ser escrita à medida que vai sendo gravada possibilite essas correções de rumo, existem outros fatores a pesar sobre essa produção: do ponto de vista negativo, a censura não oficial, o moralismo, os interesses de todo tipo; mas, por outro lado, a vontade do autor, dos criadores, o desejo de experimentação e desenvolvimento, a tendência a melhorar e progredir determinam a mobilidade e o dinamismo da telenovela. Existe, enfim, uma preocupação de ordem artística, estética, a influir sobre sua criação.

Mas voltando ainda ao seu caráter e à sua estrutura: de que forma se pode distinguir e definir a telenovela, separando-a, portanto, do que convencionamos chamar de minisséries? Quais seriam seus traços distintivos?

Nos centros de produção onde a telenovela é aberta, escrita à medida que se produz, esse é um traço distintivo; a quantidade maior de tramas e subtramas seria outra; e, finalmente, a extensão – ela tenderia a ser maior, mais longa, de maior duração. E mais redundante.

É sempre útil voltar a falar no problema da redundância na telenovela; não se deve esquecer que a novela se faz e se vê por televisão; que a televisão é um *aparelho* entre muitos, no âmbito doméstico, apenas mais um ímã que se encontra, geralmente, perto da geladeira, do telefone, da porta. O telespectador senta-se para assistir ao programa, mas se levanta para ver o que aconteceu na rua, para atender aos diversos tipos de chamados, para ir ao banheiro. Ele não tem, em sua casa, descompromissado, à vontade, a atenção total de quem vai ao teatro ou ao cinema. Desliga-se, esquece, volta a se ligar, a recordar. Esse é, aliás, um dos muitos momentos em que a telenovela mostra claramente quanto deve ao romance-folhetim, publicado em rodapés de jornais no século passado, principalmente. A redundância era exigência do folhetim, lido em partes, aos pedaços, em dias diversos, em papel de jornal, passando, às vezes, de mão em mão.

Por isso, e também pela extensão do gênero, quem escreve telenovela sabe que deve repetir, e não apenas pode fazê-lo – redundar é um dever. Mau é redundar pura e simplesmente. O autor de telenovela – a quem um amigo meu chama carinhosamente de "noveleiro" – sabe que precisa repetir, mas sabe também que deve:

- repetir de outro modo;
- repetir com outra personagem;
- repetir acrescendo informação.

Assim, mais complexa, mais longa e mais enredada que a minissérie – como pede, na origem, a palavra *novella*–, a telenovela pede tempo para se fixar na mente e na imaginação do espectador. Ela deve ser, por definição, redundante, repetitiva. Seu público espera isso dela. Não se pode bastar com simples menções rápidas a fatos novos: esses fatos serão mostrados uma e outra vez até que toda a audiência tome conhecimento deles. O público sabe o que espera – e espera o que sabe. Qualquer novidade é audácia do autor.

Por sorte, essa audácia existe. E é por conta dela que ainda podemos imaginar o futuro da telenovela como alguma coisa que vá além do mero entretenimento.

Por outro lado, estudiosos e apaixonados pelo assunto acusam a crise, a exaustão e o fim da novela – produção, aliás, evitada na Europa, onde é apenas importada como um mal suportável. Esses mesmos estudiosos apostam todas as suas fichas na minissérie de dez, quinze capítulos, com produção cuidada, história concisa, coerente, de dimensões razoáveis e unidade garantida.

A minissérie consegue manter-se em limites, digamos, mais aristotélicos. Ali a personagem é o que se propõe a ser desde o princípio. Suas ações finais são consequência dos comportamentos iniciais; ela é coerente e está em conformidade com o que se pede nos melhores compêndios. O espectador não precisa imobilizar-se diante da TV por meses a fio; aliás, quase sempre ele tem mais o que fazer.

A minissérie é *europeia* – moderada, civilizada, propositada. A telenovela é *latino-americana* – desmesurada, mágico-realista, absurda, apaixonada, temperamental (com todo o preconceito que se queira atribuir a essa classificação, de resto um pouco ligeira).

O diabo é que o realismo absurdo da telenovela latino-americana começou a ser bem-feito, bem realizado, bem produzido; começou a ter boas histórias, excelentes atores e – pasmem – tremenda aceitação no mundo inteiro. Foi preciso, então, importá-lo, a esse realismo subdesenvolvido e interessante. Assim, a Europa continuou a fazer ótimas minisséries, as quais exporta, e passou a comprar telenovelas brasileiras, mexicanas, venezuelanas, colombianas, que dão grande audiência. Até quando, não se sabe...

2. O UNITÁRIO E O SERIADO

Dadas, como já foram, as coordenadas principais do unitário – o "caso especial", cujo exemplo mais recente foi *O Enterro da Cafetina*, baseado em texto de Marcos Rey e levado ao ar pela TV Globo em 2002 – e do seriado – *Malu Mulher, Plantão de Polícia, Joana, A Justiceira* etc. –, fica patente que ambos, num certo sentido, devem contar uma história completa, apreensível no episódio, que é único, no caso do unitário, e múltiplo, no do seriado.

O unitário para aí. Diz e mostra o que tem a dizer e mostrar. Não se trata de um seriado que conservaria, mantendo-as unidas, personagens fixas. No unitário, não. Nele a personagem apresentada e desenvolvida tem de ser construída e realizada naquela hora, hora e meia, de duração do programa.

Teleteatro ou pequeno filme, em estúdio ou em externas, o unitário vale-se apenas daquelas quarenta, cinquenta páginas quase equivalentes a uma peça comum de teatro.

O autor busca sua história, seleciona seu material, observa e estuda suas personagens, investiga suas intenções, seus desejos, sua vontade, sua eventual determinação. Vê a que vêm e o que vieram fazer na história aquelas pessoas de mentira; procura conseguir que elas sejam dignas de crédito, moralmente boas ou más, não importa – mas que sejam coerentes, que pareça possível sua existência e possíveis suas ações.

Não haverá outra oportunidade de torná-las verossímeis; o tempo é curto, o autor não tem os seis meses de uma telenovela, os muitos dias de uma minissérie nem as semanas de um seriado. É tudo aqui e agora. Se convenceu, contou, foi explícito, claro, expressivo, em suma, se provocou interesse e agrado, o unitário deu certo.

O unitário tem que ser curto e incisivo; o tempo é precioso e será de boa técnica dividi-lo muito bem; provavelmente, o unitário não admitirá muitas personagens, pelo menos as de verdade. Pode aceitar muitos figurantes, mas isso é outra coisa. Personagens que tenham função, que tenham ação, que sejam necessárias, com certeza serão poucas.

Em compensação, há unitários bem-sucedidos de todo tipo: histórias fortes situadas em salas fechadas, até mesmo numa única sala; histórias com muitos cenários e muitas externas ou com uma única externa. Viagens, verdadeiras e metafóricas – como a famosa adaptação de *Morte e Vida Severina*, de João Cabral de Mello Neto, feita por Walter Avancini. A adaptação de *Sarapalha*, de Guimarães Rosa – que fiz para o teatro e depois foi levada à TV –, já foi realizada em estúdio, com cenário e luzes, e ao ar livre, em locação. Os dois resultados foram interessantes – e completamente diferentes, até em seu sentido, em sua proposta.

No unitário, o tempo se comprime, como no teatro, e, às vezes, tempo ficcional e tempo real coincidem. Mas tudo acaba ali, tudo acaba bem ou mal, ainda que não se *feche*, necessariamente. Há um final, talvez provisório e insatisfatório, mas é assim que é. Não se pode guardar munição para depois; não há depois.

As técnicas de caracterização de personagem em TV, de que trataremos especificamente mais adiante, devem ser aqui postas em uso sem escrúpulos. O ator, sua aparência física, a voz, as roupas, os adereços, a cabeleira, a maquiagem. Depois, o diálogo, suas falas, a maneira de dizê-las. Em seguida, suas ações, reações, sentimentos, sensações – e a maneira de expressá-los. O que a personagem faz e o que lhe fazem. Mas tudo isso rapidamente. A câmera e a forma de mostrar a personagem: a luz que incide sobre ela. A maneira de mostrar sua voz, a música que a acompanha, que, às vezes, a define, que é só dela, o seu tema musical. Os sons especiais que acompanham o conjunto e que configuram cada um e todos. Os trovões, o vento, o passarinho, o latido do cachorro. Não é verdade que se tornou lugar-comum, quase um defeito, caracterizar bairros pobres por cachorro latindo, e centro da cidade por ambulância passando? Assim. Mas bem depressa. Bem depressa e bem.

Por outro lado, é também verdade que o caso especial permite muito mais experiências – juntamente com a minissérie – que a novela e, afirmaríamos até, que o seriado. O unitário prescinde, ou tem prescindido, do sucesso absoluto e obrigatório que tem acompanhado a telenovela e, em menor escala, o seriado. O seriado, veremos depois, tem-se permitido, por alguma razão misteriosa, discutir assuntos considerados graves, perigosos, importantes, delicados. O unitário, também por alguma razão desconhecida, tem sido o campo de experimento da TV lírica, da TV poética, dos meios-tons, das meias palavras, da sugestão.

Então, explícito, mas misterioso? Claro, mas sugestivo? Sim, sem dúvida. Explícito como construção, utilizando seu precário tempo para veicular tudo o que tem de ser veiculado. Um dos piores defeitos do unitário tem sido a obscuridade, o hermetismo. Misterioso, poético, ambíguo ele pode ser, mas não hermético. Poético, sim, mas não necessária e gratuitamente complicado.

Enfim, a construção, a estruturação de um programa unitário de televisão, de um "caso especial", deve ser cuidada para que seja íntegra, eficiente, para que tenha unidade, clareza de propósitos, a objetividade como intenção. Mas, ao realizar-se, não precisa renunciar à beleza e à delicadeza que podem advir do seu conteúdo e do seu tratamento poético.

Já acenamos com a hipótese, mas podemos voltar a ela, para esclarecer: o unitário é o *conto* da ficção televisiva, assim como a telenovela corresponde ao romance-folhetim, a minissérie ao romance de dimensões regulares, e o seriado a uma coleção de contos com personagens fixas e objetivo autoral único.

O que é um conto? Uma definição moderna e algo humorística já inaugurou a tradição de que *conto é tudo aquilo que o autor chamar de conto*. Anteriormente, o conto era definido como uma produção ficcional curta que conta uma história. Dizem os dicionários: "Narrativa pouco extensa, concisa e que contém unidade dramática, concentrando-se a ação num único ponto de interesse".

Como sempre, é muito útil ir ao dicionário; dos termos da definição acima, talvez o mais interessante seja "unidade dramática". O que seria isso?

Creio que a expressão "unidade dramática" corresponde, aqui, ao conceito aristotélico de "unidade de ação". Uma vez que *drama*, do grego e do latim, equivale mesmo a ação, seria necessário, mais uma vez, tratar do tema *unidade*.

Um autor estabelece um objetivo; ele está escrevendo um texto porque pretende algo: contar uma história, transmitir uma emoção, evocar um clima, uma atmosfera, fixar um momento lírico. Repetimos, de propósito, os artigos *um, uma*. Deve haver *um* elemento dominante no complexo de palavras significantes que o autor fixa e comunica; trata-se do texto sobre *um* gato, *uma* mulher, *uma* saudade, *um* medo, *uma* noite.

Mas a unidade deve ser também de ação – unidade dramática. Ação, já o sabemos, é a atividade humana prenhe de significados, a atividade que vem de uma intenção, pretende algo, pensa, escolhe, *faz* e assume. Depois disso, acontecerão coisas: a mulher potencialmente adúltera finalmente se deita com seu amante; o homem pobre que sofre uma tentação finalmente furta um objeto; o ciumento mata. Todos esses atos correspondem a um infinito número de motivos, pressupostos, influências; são, muitas vezes, precedidos de hesitações, dúvidas, recuos. Mas quando, afinal, a personagem chega a *agir*, sobe-se um movimento, uma mudança, uma novidade.

Ora, se é certo que drama é ação e ação é atividade com intenção, significado, objetivos, se é certo que ao conto corresponde o propósito de unidade dramática, deve-se compreender que, embora o unitário de televisão possa alinhar muitas pequenas ações, muitas pequenas mudanças, muitos degraus galgados na escalada geral, ele deve conter *um* propósito básico, *um* momento central e gerador de consequências. É esse ponto central que garante a unidade dramática, tanto no caso do conto como do unitário.

O episódio de seriado, por sua parte, tem algumas dessas características, na medida em que se supõe possível, eventualmente, assistir a um único episódio de seriado com fruição, com prazer total. Esse episódio tem começo, meio e fim, como o unitário, mas está inserido num conjunto maior, que lhe dá sentido total. Por isso é, às vezes, possível não explicar totalmente esta ou aquela personagem – ela foi apresentada no *piloto*, no episódio número um da série, ou em algum episódio anterior. Em *Malu Mulher*, as ações, as características da protagonista, o teor de suas relações com o ex-marido – de quem se divorciou –, o trauma que isso produziu na filha, tudo foi apresentado, indicado inicialmente no piloto da série. Mas não é impossível a quem vê o episódio número três, ou o número oito, entender a trama e as ações; o seriado é um gênero pensado para isso.

O episódio permite enfocar determinado ângulo da vida do protagonista ou de determinadas personagens do seu mundo, um de cada vez. Em *Malu*, escrevi um episódio que tratava da crise de vida da avó de Malu; outro, que enfocava a *doméstica e* seus problemas, por meio da acusação que se fazia à empregada da protagonista. Em *Joana*, o seriado foi pensado exatamente para facilitar esse tipo de estrutura, uma vez que a protagonista era jornalista e, a cada dia, saía para enfrentar uma situação diversa que configuraria o seu trabalho. A par das experiências profissionais, Joana enfrentava os problemas de casa no seu dia a dia. Vê-se que a história básica foi pensada, inclusive, em termos estruturais. A cada episódio corresponde uma situação dramática fundamental, como se vê, também, em *A Justiceira*.

O foco de visão de cada episódio muda e deve mudar: ora se vê a vida do caminhoneiro de dentro do caminhão, num dia de chuva, ora do ponto de vista da prostituta de beira de estrada, ou da família que ficou em casa. Uma vez são os caminhoneiros e seu medo, outra, os ladrões de caminhão e – por que não? – seu medo. O protagonista pode ser sempre o caminhoneiro; a visão de mundo dos autores é homogênea no fundamental, mas a ênfase pode estar no protagonista ou não, da mesma forma que o ponto de vista.

O seriado funciona, me parece, por acumulação; ao longo de sua feitura, os autores vão criando os casos, as histórias, os enredos que poderiam ter envolvido aquele grupo humano e que tenham a ver com a filosofia geral que conduz a série. Cada uma das personagens, criada e construída no começo de tudo, tem suas feições, suas peculiaridades, seu ser, enfim. O que, dentro da forma que lhe foi dada, pode acontecer, e de fato aconteceria, àquele indivíduo de ficção? De que maneira ele se relacionaria com os demais?

Lembro-me de que, no seriado *Joana* (cito esse porque trabalhei nele), a personagem Guilherme, segundo marido de Joana, que, aliás, não era casado com ela, tinha filhos de um casamento anterior, como ela; era um professor universitário, momentaneamente desempregado, e que estava a fim de trabalhar com os desfavorecidos, ajudando-os, desenvolvendo um trabalho de caráter social. Isso posto e aceito, o que poderia suceder a Guilherme, cuja mulher é jornalista, está empregada e ganha mais que ele? Como enfrentará a personagem o fato de que Joana tem de se relacionar com todo tipo de gente, inclusive com homens mais interessantes, poderosos e charmosos? O que passa pela cabeça de Guilherme? O que passaria pela cabeça do telespectador, se fosse Guilherme? Esses fatos, se a personagem foi bem construída, são matéria de episódios de um seriado. A relação de Guilherme com o trabalho de Joana, a competição, o ciúme, os problemas entre os dois grupos de filhos, os problemas financeiros, as questões de visão de mundo, as relativas ao conceito de trabalho com a comunidade, os problemas de convivência sexual etc.

Coisas assim surgem, a rigor, de cada personagem em sua relação com todas as outras; cada um dos filhos de Joana ou de Guilherme era um mundo diferente, e todos eles, matéria de ficção. Cada uma das pessoas que a jornalista entrevista, cada um dos temas que lhe é proposto, cada uma das pautas da revista em que trabalha, cada assunto – notícia – do dia é, ou pode ser, tema de episódio.

Isso quer dizer que, a rigor, seriado não tem sinopse, ou tem, a de cada episódio. Faz-se uma relação muito benfeita das personagens e suas características, seu desenho pessoal, seu retrato. Urdem-se muito bem as *relações* entre todas; deixa-se bem definido, depois de muita discussão, é claro, o que pretende o seriado, qual é a sua filosofia. E o restante é imaginação bastante livre. Os episódios precisam apenas ser interessantes e não colidir com o que ficou estabelecido como básico e fundamental no caráter das personagens, na sua vontade, nos seus objetivos.

O seriado, a meu ver um programa extremamente simpático, tem sido pouco explorado pela TV brasileira, que tem dado preferência, depois da telenovela, às minisséries e aos especiais. Naturalmente, razões de ordem material fundamentam essa escolha; sabe-se que a telenovela é, relativamente à sua extensão, muito mais econômica. Mas existe na televisão brasileira uma espécie de seriado muito curioso e pouco estudado: o seriado humorístico.

A rigor, são seriados humorísticos na TV brasileira a longa série *Os Trapalhões*, em suas diversas fases e formas – talvez cada uma dessas etapas configurasse um novo seriado.

Também são humorísticas as séries de programas de Chico Anysio (*Chico City, Estados Anysios*), as séries de programas de Jô Soares (*Família Trapo, Planeta dos Homens* e *Viva o Gordo*), e de Ronald Golias (*Família Trapo, A Praça É Nossa, SuperBronco, Escolinha do Golias*) e de Manuel da Nóbrega (*A Praça da Alegria*); e, finalmente, é seriado humorístico legítimo o programa *Sai de Baixo*, com um elenco fixo (sujeito, naturalmente, a mudanças por contingências), uma característica básica a nortear o conjunto, uma história fundamental que embasa o relacionamento dos caracteres. Trata-se de uma família – muito peculiar, aliás –, mais dois empregados que vivem num edifício, localizado em determinado lugar da cidade de São Paulo, onde moram e também desenvolvem um trabalho comercial etc.

Em alguns desses casos – *Chico City*, por exemplo – cria-se um grupo humano, numa pequena cidade do Nordeste brasileiro, talvez no Ceará, mesmo com laivos de Bahia, e desenvolvem-se semanalmente histórias apresentadas por personagens fixas, muitas das quais, as mais importantes, representadas por seu criador, o humorista Chico Anysio. Na *Praça da Alegria*, uma personagem fixa recebe visitantes sentada num banco de praça, numa reminiscência clara de cena de teatro de revista – havia muitas "cortinas" (quadros cômicos rápidos que visavam distrair o público enquanto mudanças complexas de cenário eram feitas atrás da cortina) que eram assim, e que se desenvolviam com diálogos cômicos, enquanto os contrarregras montavam, atrás, o cenário para uma *féerie*, um quadro deslumbrante, cheio de efeitos de luz e som.

Em *Chico City*, criava-se um universo ficcional: o velho oficial reformado, o dono de engenho, o antigo escravo, o pai de santo, a esposa infiel etc. Essas personagens se moviam num mundo fixo e único, sempre refletindo, em tom de comédia, claro, e sem nenhuma pretensão fundamental, o momento que passa.

Naturalmente, o seriado depende de uma apresentação bem-feita, de uma espécie de *trailer* que interesse, que sirva como informação, intróito, pano de amostra e chamariz.

O primeiro episódio de um seriado é, portanto, capital; nele se deve apresentar clara e eficientemente todas as personagens principais, identificá-las, dizer o que são e como são; mostrar suas relações com as demais, seu modo de ser, suas crenças, seus desejos, seus objetivos de vida, o estágio em que estão. Deve-se dar a situação básica da comunidade ou do grupo que se quer tratar e, provavelmente, o problema inicial que deu origem ao estado atual de vida de todos. Em *Malu*, por exemplo, o acontecimento inicial que dá origem à mudança de vida e filosofia da protagonista é a separação, o processo de divórcio em que ela vai entrar. O primeiro episódio mostrava claramente, e até cruamente, os últimos dias do casamento, o estado de espírito dos cônjuges, da única filha; a violência que presidia a relação, a angústia da filha que partilhava da casa e dos conflitos; os problemas dos pais da protagonista, dos amigos mais próximos. Dava, afinal, o caminho que a história tomaria, o caminho da reaprendizagem da protagonista, indicação reforçada pela música-tema, "Começar de Novo"(1978), de Ivan Lins e Vitor Martins.

Esse primeiro episódio chama o espectador e o induz a ver a série: deve ser interessante, estimulante, curioso. Mostra as personagens e, claro, os atores. Mostra o universo em que se vai desenrolar a história. Os demais episódios terão sempre algo a ver com o que foi lançado no primeiro; uma novidade total, algo que se oponha e contradiga o que tinha sido dito no primeiro episódio em termos de caracterização de personagem ou de história será mal recebido. Não há aqui o relativo descuido, o excessivo decurso de tempo que há na telenovela, em que pessoas boazinhas no início tornam-se péssimas sem maiores razões ou a vilã se regenera por razões esotéricas, valendo-se do fato de que ninguém se lembra muito bem do que aconteceu seis meses atrás.

Tão importante quanto qualquer primeiro capítulo, o primeiro episódio tem a mais a responsabilidade de ser apresentador, introdutor, chamariz, mas também de ser, em si, uma boa história. Isso lhe confere mais gabarito, bem como cria mais dificuldades de feitura. Ele tem a responsabilidade dupla de ser um bom unitário e um bom anúncio.

E, no entanto, o seriado em si, cada episódio dele, deve ser capaz de prescindir do conhecimento do primeiro episódio; é uma contradição, sem dúvida. O primeiro episódio tem de ser exemplar e abrangente; quem o vir saberá para onde vai o programa todo. Quem não o conhece ainda assim é capaz de apreciar um episódio subsequente. Aí está o segredo de continuidade do seriado.

3. A TELENOVELA
E SUA ESTRUTURA

Para falar em telenovela, esse fenômeno mundial nos dias que correm, é preciso começar delimitando seu campo, para não incorrer em mais ambiguidades e imprecisões além das inevitáveis, que já são muitas.

Existem atualmente na TV internacional vários tipos de narrativa dramatizada, transmitidas por imagens e usando a sua linguagem peculiar. Distinguem-se, por exemplo, sem muitas sutilezas, produções do tipo *soap opera*, aquele teledrama extenso outrora patrocinado pelas fábricas de sabão norte-americanas que, com toda a certeza, inaugurou o gênero; existem os seriados, as minisséries, as telenovelas totalmente escritas e gravadas antes de ir ao ar e, portanto, de certa forma "fechadas"; e existe a telenovela de formato brasileiro, pode-se dizer até de formato latino-americano, uma vez que, seguramente, pelo menos o México, a Colômbia e a Venezuela utilizam-no para fazer o *culebrón*[1], a alongada serpente na qual se transformou a telenovela.

A *soap opera*, ou telenovela norte-americana, é uma produção ficcional transmitida por meio de imagens em TV, história sem um fim exatamente previsto que se presta a ser permanentemente estendida e que se baseia nas peripécias de uma comunidade cambiante, de um local definido ou de uma família circunscrita. Os exemplos mais próximos e mais conhecidos do público brasileiro são as séries *Dallas* e *Dinastia*. Na verdade, a *soap opera* está mais para um longuíssimo e infindável seriado do que para a telenovela como a conhecemos.

O seriado é a história dramatizada contada em TV, dividida em episódios, na qual a unidade é dada pelos protagonistas, por um local de ação, por uma família, por uma época e, de qualquer forma, por uma filosofia, um espírito, um tom, uma visão de mundo, como já foi dito.

A minissérie é, na verdade, uma mininovela – história curta mostrada em episódios, em sequência, cujo conhecimento total é necessário à apreensão do conjunto, de tal forma que, muitas vezes, os capítulos são precedidos de resumos dos acontecimentos anteriores. A minissérie é uma ficção televisiva que se fecha, clausurando totalmente a história.

A telenovela de modelo brasileiro, talvez latino-americano, é uma história contada por meio de imagens televisivas, com diálogo e ação, uma trama principal e muitas subtramas que se desenvolvem, se complicam e se resolvem no decurso da apresentação. Naturalmente, a trama planejada como principal é a que leva o enredo básico, a fábula mais importante, do começo ao fim da ação, e a que justifica todo o projeto, dando-lhe unidade.

Consequentemente, a telenovela se baseia em diversos grupos de personagens e lugares de ação – são os *sets*, vistos

---

1. Forma como se designa, comumente, a telenovela nos países latino-americanos; significa "cobra grande" e diz respeito à sua extensão.

hoje em dia como verdadeiros núcleos de famílias ou grupos humanos; esses vários grupos de personagens se relacionam internamente, e um grupo com outro ou outros. Os problemas dos protagonistas, é claro, assumem a primazia no enredo e conduzem a trama.

Na atualidade, a telenovela brasileira tem mais ou menos duzentos capítulos, em geral. Cada capítulo dura, aproximadamente, sessenta minutos, dos quais 45 são de ficção, história propriamente dita, e os demais são de publicidade, repetições, chamadas etc. Cada telenovela tem entre trinta e quarenta personagens, em média, das quais de seis a dez podem ser considerados protagonistas – destacando-se sempre um par, as estrelas da temporada.

Os capítulos são construídos em segmentos, três ou quatro geralmente, intercalados por pausas para comerciais. É comum que se termine cada capítulo com uma situação de expectativa, que motive a audiência a prosseguir assistindo à telenovela. Esse *gancho* também existe, em menor escala, ao fim de cada bloco, e costuma ser maior no fim do capítulo levado ao ar no último dia útil de cada semana.

Existem vários trabalhos respeitáveis a indicar as origens da telenovela tal como a conhecemos na atualidade. Em geral, costuma-se considerar que a telenovela provém de antecedentes vários que lhe deram uma ou outra de suas características e que sobre ela atuaram com mais ou menos intensidade. Esses antecedentes seriam:

- o romance europeu do século XIX;
- o romance em folhetim, por jornal, também do século XIX;
- o romance em folhetim, por entregas, da mesma época, aproximadamente;
- a radionovela;
- a fita em série norte-americana;
- a dramatização radiofônica de histórias reais;
- a fotonovela e as histórias em quadrinhos;
- o melodrama teatral.

Cada um desses gêneros, em maior ou menor escala, deu à telenovela o seu contorno atual: escrita por capítulos; dimensão alargada com tendência a aumentar exageradamente, para manter a atenção do consumidor; estrutura aberta (peculiarmente aberta), passível de receber o influxo do consumidor – o famoso *feedback*; tom predominantemente melodramático, de cunho sentimental, emocional, em princípio dirigido a um público feminino, tomado de uma forma preconceituosa e superficial; predominância de movimento externo e acontecimentos vários, característica do romance romântico de menor qualidade, em detrimento da criação de caracteres e aprofundamento psicológico; criação do *suspense* um tanto superficial, ao qual, às vezes, não correspondem sequências verossímeis e necessárias; tom popular e sensacionalista; e, finalmente, o caráter sobretudo maniqueísta que enfatiza as soluções dadas pela emoção e que vê o ser humano como alguém que traz em si os componentes do bem e do mal que o irão definir.

A telenovela conservou, ao longo dos tempos, uma concepção subjetiva da personagem que, em geral, ignora as influências de caráter econômico e social, e adota, pelo menos para os seus protagonistas, uma visão predominantemente aristotélica.

A par dos gêneros acima citados, e por detrás de tudo, existe, como é fácil concluir, a imemorial figura do *contador de histórias* – o viajante, o andarilho, o marinheiro, o aventureiro – que, depois de suas experiências pelo mundo, por gosto ou necessidade, dedicava-se a narrar *causos* interessantes, detalhes pitorescos, histórias de amor, dosando as quantidades de emoção que ia fornecer aos seus ouvintes, e mantendo sempre um segredo a ser desvendado no dia seguinte ou em qualquer outro dia.

A questão da criação do suspense, ou gancho, é curiosa. Essa técnica provém, como já foi dito, dos antecedentes da telenovela, notadamente do folhetim romântico, da radionovela e da fita em série, mas hoje é encontrada também num gênero literário de grande popularidade e, às vezes, de grande qualidade: o romance policial.

Em relação ao gancho, no entanto, o que faz a diferença fundamental entre o romance policial e o do século XIX e a telenovela, o folhetim e a radionovela é o fato de, nos primeiros, estar a *totalidade da narrativa* ao alcance do leitor. É ele quem *dosa* a quantidade de ansiedade que pode suportar. Se quiser, o fruidor de um policial pode lê-lo de uma assentada e ficar sabendo logo que o assassino é o mordomo. No caso do folhetim, da fita em série ou das telenovelas, a ansiedade é criada e mantida pelo autor, não restando ao fruidor outra alternativa senão aguardar o desenvolvimento da história.

É curioso notar como, nos dias que correm, certos programas de rádio e as revistas especializadas se dedicam a adiantar ao público os passos mais próximos de uma telenovela inédita, realizando com isso um trabalho ambíguo: ao mesmo tempo que satisfazem a curiosidade fazendo *notícia*, destroem um dos encantos da história fracionada e do suspense, exatamente a criação adequada da ansiedade, que é satisfeita aos poucos.

Costumo dizer que a estrutura de uma peça de teatro pode ser figurada por um círculo, como uma roda de carro, com um eixo central e raios que ligam a circunferência ao seu eixo.

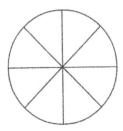

Nesse círculo, nessa roda, deve caber tudo o que for efetivamente indispensável à peça, e tudo deve remeter-se ao eixo, à ideia central; todos os raios são suportes e condutores da ação, que deve ter unidade. Se percebermos que alguma coisa na peça escapa desse círculo, podemos estar seguros de que a cena, o detalhe ou a personagem são *supérfluos*.

Também costumo comparar a estrutura de uma telenovela a uma árvore.

As raízes, escondidas sob a terra, correspondem às concepções básicas do autor, sua filosofia e visão do mundo, sua ideologia; o tronco é a história central, aquela que, na sinopse, é a coluna mestra, a espinha dorsal; e os ramos, sempre muitos, são as consequências da história central, as outras histórias, linhas de ação, conflitos menores, secundários.

As raízes dão a base do trabalho do autor. É fundamental que o autor (ou autores) *tenha* uma visão de mundo, seja ela qual for, que transpareça na obra. O tronco é a garantia de uma unidade de ação, ainda que truncada, às vezes perdida no meio do caminho, para ser retomada depois. E os ramos são consequências da existência das raízes e do tronco. Esses ramos podem ser maiores ou menores; isso dependerá muito da escolha do assunto, das personagens e até dos atores; a grandeza ou importância de cada um dos ramos pode, ainda, depender da resposta do público ou de circunstâncias totalmente alheias às intenções iniciais do autor, como doenças, incidentes, litígios, ou seja, do extraficcional. A realidade aí se imbrica com o trabalho ficcional. Ocorre, às vezes, que um ramo é simplesmente podado: não correspondeu às expectativas, por razões de ordem interna ou externa. Em outras ocasiões, ramos pensados para serem secundários e frágeis engrossam e tomam força, quase suplantando o porte do próprio tronco.

Isso quer dizer que a estrutura da telenovela pode ser desproporcional, desarmônica? Claro que sim, em se tratando de exemplares de qualidade menor; creio que, na melhor telenovela, o autor deve se encarregar de propiciar o reequilíbrio, assim como, na árvore, a natureza se encarrega de reequilibrar o conjunto. Cuidando sempre do tronco e das raízes, a base de tudo, o autor deve ter a habilidade de distribuir o peso dos ramos de sua criação para impedir que venha tudo abaixo.

Dizer que a telenovela é uma *obra aberta* já se tornou lugar-comum. Tendo em vista o fato de que, a partir de Umberto Eco, a expressão se tornou portadora de um sentido muito definido, é bom deixar claro o que é a obra aberta para Eco, e em que sentido é aberta a telenovela.

A obra aberta é aquela que apresenta a possibilidade de várias organizações, que não se mostra como obra concluída, numa direção estrutural dada, mas se supõe que possa ser *finalizada* no momento em que é fruída esteticamente.

Isso demanda, por um lado, um leitor mais ativo, dono de uma certa erudição relativa ao enunciado. O consumidor deve estar preparado para enfrentar a obra, que por sua vez deve ter características de inovação, formais ou de conteúdo. A obra aberta corresponde a uma visão nova de mundo, não estatuído, não convencional, imprevisível. As convenções da telenovela, ou seja, seu moralismo forçoso, seu caráter, digamos logo, comercial (a telenovela do mundo capitalista deve *vender* – mas será que isso só ocorre no mundo capitalista?) tiram dela o teor de obra aberta. Ficam, no entanto, indiscutíveis as possibilidades de correção

Os Imigrantes, *de 1982*, TV *Bandeirantes. Jânio Quadros e o ator Paulo Betti. A interpenetração telenovela-política-realidade. Arquivo pessoal.*

de rumos sempre feitas a partir dos acontecimentos do dia e da resposta da audiência.

Os problemas de estrutura de uma telenovela devem ser vistos em termos de macro e microestruturas: existe uma organização básica para o total dos duzentos capítulos da obra, e uma para cada capítulo.

Sobre as feições de cada capítulo, algo já foi dito: os capítulos têm, atualmente no Brasil, cerca de 45 minutos de *história*, desprezando-se os comerciais, repetições e chamadas. Esse tempo é dividido em blocos, cujo peso varia de acordo com o estilo do autor. Já tenho visto um bloco inicial de vinte minutos de duração e o segundo de apenas oito. O certo é que, em cada um desses segmentos, o autor dispõe suas cenas, que variam, quanto ao número, conforme o estilo da novela e do seu autor. Para alguns autores, uma cena longa e tranquila pode durar até cinco minutos. Normalmente, tem-se, em cada bloco, de cinco a dez cenas. A frequência das externas e das internas varia, também, de acordo com o assunto, a ambientação e o teor da ficção. Há novelas que necessitam, por sua própria natureza, "respirar" mais.

Numa novela que se caracterize por trama urbana, mais pesada e mais densamente psicológica, os interiores são mais explorados. Nesse tipo de criação, não se costuma fazer, por exemplo, revelações importantes em externa, uma vez que, provavelmente, a atenção do espectador (e até mesmo dos atores) estaria dividida entre as solicitações da visão exterior, da imagem, e as do texto. Até mesmo as dificuldades de som, por exemplo, desencorajam as cenas portadoras de muito conteúdo de texto, em externa.

A frequência da aparição dos protagonistas também é um elemento que não pode ser desprezado; normalmente, até por exigência da empatia com o telespectador, os vários protagonistas costumam aparecer, ainda que rapidamente, em todos os capítulos da telenovela. O público se sentiria frustrado se eles, nos quais repousa a sua maior ligação emocional, permanecessem fora da trama. Por outro lado, é comum também que os ganchos envolvam algum dos protagonistas. Certos autores mais criativos fazem, às vezes, mais de um gancho para cada final de capítulo: é como se permitissem ao espectador a seleção do que mais convier à sua ansiedade.

Quanto à macroestrutura, ela tem muito a ver com as dimensões gerais da telenovela, com a sua extensão e tratamento de tempo.

Se é certo, por exemplo, que a novela brasileira atual tem por volta de duzentos capítulos de 45 minutos cada, tem-se que a imagem gravada da telenovela padrão possui hoje, em média, 150 horas de duração. Se pensarmos em termos de papel escrito, podemos dizer que um capítulo é desenvolvido aproximadamente em trinta páginas; portanto, a telenovela consome seis mil páginas de texto, uma pilha de papel de um metro e meio de altura...

Essas dimensões peculiares nos fazem pensar na célebre definição de Aristóteles, para quem a obra de arte deveria ter um tamanho que não impedisse a avaliação do seu conjunto. Com certeza, avaliar o conjunto de uma telenovela é tarefa difícil, tarefa que, aliás, já tem sido encarada pelos pesquisadores e estudiosos universitários, daí resultando em várias excelentes teses sobre o gênero. Essa magnitude nos leva, entretanto, a encarar de outra forma o problema do ritmo e do andamento da telenovela.

Devido à longa duração, os fenômenos de exposição, a caracterização das personagens, a apresentação e o desenvolvimento dos conflitos e sua resolução têm de ser pensados em outros termos, em geral mais pausados, excluindo-se, é claro, a solução final, que sempre é dada (e em geral muito mal resolvida) no último capítulo, por conta da expectativa do público.

A crítica de televisão costuma se ressentir do fato de que o andamento da telenovela é mais lento que o da ficção em geral. Ora, levando-se em conta a duração normal de uma novela, deve-se considerar que:

- ♦ se numa peça de teatro a apresentação das personagens e dos problemas principais é dada quase sempre

na terça parte inicial, numa telenovela isso ocuparia cinquenta capítulos ou mais, o que não ocorre. A apresentação inicial ocupa, em geral, os vinte primeiros capítulos, quase um décimo da obra total;
* por outro lado, se fizermos o mesmo cálculo para um filme de noventa minutos, veremos que a exposição clássica é dada em dez minutos (a nona parte); a exposição da telenovela está, assim, dentro dos padrões convencionais da cinematografia.

Concluindo, logicamente, vemos que a telenovela tem um andamento compatível com o do cinema em suas dimensões e, por incrível que pareça, mais rápido que o do teatro. No entanto, sua dimensão leva, inevitavelmente, à repetição e redundância – além do caráter peculiar do próprio veículo, feito para ser desfrutado concomitantemente a outras atividades, ou até para ser interrompido e retomado. O autor não pode dar uma informação importante num único capítulo, numa cena ou num estágio da novela; essa informação tem de ser periodicamente reapresentada, resumida ou acrescida de novos detalhes. Não é admissível que o espectador que perdeu um capítulo se veja privado de uma informação essencial. Às vezes, esse remuniciamento é dado em reprise de cenas, que funcionam como *flashbacks*.

Assim, a repetição da informação, a redundância, acrescentada à extensão natural da novela e ao seu caráter fragmentado, pode dar a sensação de ritmo lento, o que não é exato. Trata-se apenas do andamento imposto pelo gênero em suas dimensões obrigatórias.

De outra parte, essas mesmas características de amplitude pedem a renovação periódica da atenção, mediante a introdução de novos conflitos, tramas e personagens supervenientes. Com uma ondulação de frequência que cada autor modula a seu gosto, a cada vinte, trinta ou quarenta capítulos, a novela deve introduzir elementos novos para chamar a atenção; ela nunca mostra todas as suas armas nos primeiros momentos. Para isso, a sinopse (que é, também ela, uma sinopse aberta, sujeita a variações) prevê injeções de ânimo, intrigas variadas e novidades de todo gênero. Essa ondulação, facilmente detectável no desenho do conjunto de qualquer telenovela, é obrigatória e se destina a renovar no telespectador, por força do longo período de atenção que lhe é pedido, a curiosidade e a empatia. É uma mobilização do público, obtida à custa de novos elementos, introduzidos no *corpus* do trabalho com a frequência e a periodicidade que o autor julgar necessárias.

A criação de caracteres e sua construção, ou seja, a caracterização das personagens, se faz, na televisão em geral, e na novela em particular, de forma *sui generis* e merece ser estudada.

Inicialmente, caracteriza-se na novela da mesma forma que no teatro: pela apresentação física da personagem e seu suporte (o ator); pelo nome que lhe é dado; pelas coisas que esse indivíduo criado faz e diz; pelas coisas que fazem e dizem os demais a respeito dele – portanto, pelas suas falas, atitudes e ações; e por esses mesmos recursos utilizados pelos coadjuvantes. Nesse conjunto, uns explicam os outros e a interação explica a todos.

No entanto, dado o uso primordial da imagem, é a forma como aparece a imagem aos olhos do público que dará o modo de caracterização próprio e peculiar ao gênero; naturalmente, o espectador de teatro também tem olhos e vê a imagem da personagem. Mas vê da forma que escolhe, quando escolhe, e do ângulo que prefere. No teatro, o espectador seleciona a imagem que vai ver: o conjunto, o protagonista, a heroína, o comparsa ou, ainda, a plateia. Ocorre aqui o mesmo fenômeno que na transmissão de um evento esportivo pela TV: se você está no campo, pode preferir acompanhar a bola, deter-se numa das áreas de gol, observar o seu jogador preferido ou analisar as reações do público. Na TV, o diretor de TV (e o câmera) já escolheram o que você vai ver.

Portanto, a forma como a equipe produtora de um evento televisivo seleciona as imagens serve, entre outras coisas, para caracterizar a personagem: sua aparição mais ou menos frequente no vídeo, as expressões faciais (e a telenovela é uma sucessão quase constante de *closes*), seus tiques ou maneiras peculiares de reagir, os ângulos de fotografia, o tempo, o ritmo e a intensidade de aparição. A personagem é marcada, inclusive, por um tema musical constante, ou por um som repetido a cada aparição, que lhe dá o caráter e se associa a ela. Esses recursos são relativamente fáceis, elementares; não convém à telenovela insistir em sutilezas, esconder realidades do seu público, que é marcado pela inconstância, pela atenção dividida, pela recepção irregular da mensagem. Na TV, uma das primeiras lições aprendidas pelos dramaturgos – a de que nenhuma personagem deve ser inteiramente boa ou ruim – corre risco de vida. Frequentemente tem-se visto ótimos dramaturgos que são obrigados a criar vilões absolutos ou heroínas angelicais, devido às exigências do gênero. O público tende a desentender e não se identificar com personagens sutis e complexas em sua construção. Essas personagens são recusadas sob a alegação de que "é gente que não sabe o que quer nem aonde vai". Na realidade, a moça que amou, perdeu o namorado e passa a novela buscando, aqui e ali, o homem que o vai substituir, criando de forma muito coerente a imagem da jovem inquieta e volúvel, não agrada e é rejeitada, muitas vezes sob alegações de ordem moral.

Esse problema da questão moral na TV parece descabido quando se fala em forma, em estrutura; evidentemente não o é, uma vez que os dois problemas, imbricados, fazem o conjunto desse trabalho gigantesco que é a telenovela, às vezes difícil de delimitar.

A telenovela tende, pelo menos nos espíritos mais desavisados, a instituir uma confusão entre ficção e realidade, dado o seu caráter *invasivo*, de material que entra pela casa adentro praticamente todos os dias; certa parcela do público passa a viver, de forma vicária, os acontecimentos da telenovela; há um simulacro de realidade, uma ficcionalização da realidade e uma *realização* da ficção. Isso, que garante ao gênero o sucesso de público, também provoca nele vários entraves: é comum que a audiência se ligue a certas personagens, recusando, por exemplo, numa próxima novela, personagens novas, principalmente se vividas por atores consagrados. O ator passa a ser confundido com a personagem, gerando, às vezes, manifestações de afeição ou de hostilidade – o que leva certos atores menos inteligentes a recusar papéis antipáticos.

Outrossim, e aqui entra um problema de maior porte, a novela sempre apresenta modelos de conduta positivos e negativos: entre os primeiros, o casamento dos amorosos, o castigo dos maus, o prêmio a quem trabalha, a ascensão social de quem se esforça etc.

Nota-se aqui, mais uma vez, como de outras vezes, a influência do melodrama e do romance-folhetim na telenovela. Como Marlyse Meyer sabiamente faz notar em sua obra *Folhetim* – obra, aliás, nunca assaz louvada por quem trabalha com telenovela –, as personagens e as histórias básicas do folhetim romântico da primeira fase, cheio de mistério e vingança, de donzelas inocentes seduzidas e abandonadas, de filhos perdidos e reencontrados, de heróis positivos e virtuosos, cedem lugar, com o tempo, ao romance de aventuras, à personagem rocambolesca, ao próprio Rocambole, em suma: um garoto pobre, filho de excluídos da sociedade, que se transforma no herói multifacetado que a época pede: justiceiro, bandido, ladrão simpático. Quem será que nos faz lembrar esse *rocambole* de Ponson du Terrail? Sem dúvida, o nosso *Beto Rockefeller*, de Bráulio Pedroso, e essa ponte se estabelece entre 1857, Paris, França, e 1968, São Paulo, Brasil. Um século, aproximadamente, entre os dois.

Aqui também, com o passar do tempo, os valores ameaçam inverter-se: tem sido comum na telenovela brasileira premiar o safado simpático. Cria-se uma personagem empática, instigante, de certa forma um Rocambole, um Macunaíma, adepto da lei de Gérson ("brasileiro gosta de levar vantagem em tudo"), e que, afinal, se sai bem, ou não tão mal. O desvio de conduta foi premiado e, por essa vez, o mal não foi castigado.

Mas o que é o *mal*?

Vê-se muito nas últimas telenovelas brasileiras, mais especialmente na "novela das oito" – um espécime da linha séria produzida basicamente pela Globo e com altos índices de audiência –, inúmeros exemplos de comportamento desviante das normas de conduta aprovadas socialmente, sobretudo no que tange ao relacionamento amoroso. O que significa isso?

Sabe-se que existem comportamentos, em sociedades determinadas, que são aprovados por consenso, por instituições, por lei. Em tempos não muito distantes, a televisão sofreu – junto com as demais formas de espetáculo e diversão – uma censura específica e institucionalizada. Ainda hoje existe censura, não mais federal, governamental, com funcionários pagos e punições estatuídas, mas a censura econômica, dos patrocinadores, dos próprios veículos, das instituições e do público, organizado ou não. Enquanto a recusa popular, expressada na baixa audiência, nos protestos de jornais, é perfeitamente válida e compreensível, começa a ficar difícil para o escritor trabalhar preocupado com o que achará do seu trabalho, por exemplo, o Cardeal do Rio de Janeiro. Mas, às vezes, isso acontece. Novamente somos levados a recorrer à obra de Marlyse Meyer para – quiçá – consolar-nos com a notícia de que, na Paris do século passado, era igualmente difícil para os Sue, Du Terrail, Richebourg, Dumas, Montepin etc. desenvolverem suas histórias infindáveis, que já bastante trabalho lhes custaria concluir, mercê dos protestos, cartas, manifestações moralistas de toda a espécie, do público e da sociedade em geral.

Hoje, na ausência da censura oficial, o autor consegue introduzir em seu texto exemplos de conduta considerados desviantes das normas aceitas pela sociedade, conduta essa que, afinal, reflete a realidade. Se, numa determinada novela, o casal não mantém fidelidade conjugal, comete adultério ou é promíscuo, isso, é óbvio, corresponde ao comportamento vigente, pelo menos em determinada parcela da sociedade. Não se pode concluir, automaticamente, que o autor pactue com este ou aquele tipo de comportamento, a não ser que ele, claramente, o aprove em seu trabalho.

No entanto, segundo a crítica moralista, supõe-se que *o povo* (parcela do *público?*), que vê na TV a conduta da *burguesia* (parcela das *personagens? autor?*), tende a modificar seu comportamento, deixando de lado, por exemplo, a fidelidade conjugal e passando a praticar adultério etc.

Resumindo, haveria na novela uma inversão dos padrões de moralidade vigentes, a partir de um modelo de conduta burguês. Por isso, o que é *desvio* poderia ser normatizado, e os bons modelos de conduta passariam a ser considerados desvios – o cidadão bom e honesto passaria a ser considerado tolo, ingênuo – e a pessoa comum poderia assumir em seu comportamento diário os novos padrões *desviantes*.

Note-se que, em todos os casos, colocamos os modos de ação no condicional. Não há, que saibamos, prova de que isso aconteça. Aliás, as constantes da recepção só agora começam a ser, verdadeiramente, observadas e analisadas.

Assim, o que começou como estrutura parece ter passado, agora, a conteúdo. E onde se pensava em forma, pensa-se agora em moral.

Acontece que a forma telenovela, história veiculada pela TV, passou a atingir um número cada vez maior de pessoas no mundo todo e a exigir, para sua feitura, cifras cada vez maiores. Ficção que baliza a vida de multidões e que, ao mesmo tempo, vende quantidades imensas de produtos (às vezes absolutamente supérfluos ou inúteis), a telenovela ficou muito mais vinculada aos interesses do capital e, por consequência, muito mais sujeita à vigilância de uma determinada moral.

Isso afeta não apenas sua estrutura, mas também sua sobrevivência e seu caráter. Experiências recentes de denúncias, de discussões de ordem política, de aprofundamento de conflitos, de personagens influenciadas pelas condições econômicas, de *merchandising* social – como têm tentado

Elenco de Os Imigrantes, *1981-1982. Telenovela idealizada por Benedito Rui Barbosa, depois escrita por Renata Pallottini e Wilson Aguiar Filho: uma aventura bem-sucedida da TV Bandeirantes. Arquivo pessoal.*

fazer Lauro César Muniz, Silvio de Abreu, Gilberto Braga, Benedito Rui Barbosa e até Gloria Perez – parecem caminhar, muito lentamente, mas sem parar, no sentido de fugir à simples criação de histórias atraentes, complexas e de apelo. Antes fadadas ao insucesso ou, na melhor das hipóteses, ao êxito exclusivamente de crítica, uma espécie de prêmio de consolação para um gênero no qual a audiência, e só ela, define o bom resultado, essas tentativas de ampliar a abrangência da novela parecem concretizar, cada vez mais, uma tendência vitoriosa, pelo menos na teledramaturgia brasileira.

Em meados de 1996, eis que a TV Globo joga mais lenha na fogueira da discussão "telenovela x minissérie", ao veicular, em pleno horário nobre, uma mininovela (assim denominada pela própria emissora) em 35 capítulos: *O Fim do Mundo*, texto de autoria de Dias Gomes, com a colaboração de Ferreira Gullar.

Ora, dadas as discussões repetidas entre os estudiosos do gênero, caberia perguntar: é uma telenovela essa mininovela?

É uma minissérie essa média-metragem que a Rede Globo resolveu veicular no horário nobre?

Entrevistado, o autor confirmou que, de início, o material estava previsto para as 22h30min (horário que, há já bastante tempo, a Globo tem reservado para as minisséries). Razões de ordem prática, circunstancial, levaram a emissora a alterar seus projetos iniciais.

Tendo em vista o que já foi dito no que toca à extensão tradicional da telenovela brasileira, parece que, sob esse aspecto, o trabalho de Dias Gomes não seria uma telenovela. Isso, como ressaltamos, traduz-se em termos dramatúrgicos: é preciso criar histórias, ficção, enredo, para preencher as páginas e as horas do *culebrón* ameaçador.

É preciso que a história básica, a coluna dorsal, o tronco central da árvore que a telenovela constitui seja forte e tenha seiva suficiente para aguentar as tramas secundárias, os galhos emergentes, as ramas que conduzem os conflitos paralelos.

Esses conflitos paralelos são, em geral, muitos, por volta de vinte, trinta subtramas, conduzidas por personagens que devem ser criadas, caracterizadas e expostas de maneira a ficar patente que agem, que têm vontade, que têm função, que existem dramaticamente, em suma. Tudo isso deve ser unificado pela história central, a qual necessitará de força, vitalidade, energia para que desperte interesse, crie suspense e justifique a atenção que um público eventual, um grande público, de preferência, possa lhe dar.

Ora, torna-se evidente, pelas próprias dimensões de ambas, que a minissérie exige menos conteúdo ficcional, bastam histórias mais curtas e mais simples, com menor número de personagens, de *sets* e de complicações.

Porém, e mais importante: o texto da mininovela que se discute (de fato, uma minissérie) está, já, escrito e totalmente fechado quando se grava. E, portanto, essa obra não tem e não pretende ter uma das características fundamentais da telenovela padrão brasileira: a de ser uma obra em aberto, escrita enquanto vai ao ar, sujeita a sofrer todas as modificações que as circunstâncias, os acontecimentos do dia, o êxito ou fracasso de audiência e outros detalhes puderem lhe impor.

Esses modificadores da ficção, esses influxos que invadem a história ficcional, ela própria dotada de porosidade peculiar, podem ser de vários tipos. Tentemos, mais uma vez, arrolá-los:

1. Sucesso ou insucesso de público, afetando atores, histórias, tramas, famílias ou *sets*.
2. Acontecimentos marcantes ou circunstanciais da vida real: advento de festas nacionais ou populares (Natal, Carnaval), de eventos políticos, mortes, catástrofes etc.
3. Incidentes que afetam participantes da feitura da telenovela em suas vidas particulares: enfermidades, mortes, afastamentos, litígios trabalhistas etc.
4. Fatos sociais que solicitam o autor de maneira imperiosa – as desigualdades, as greves, os problemas que afetam os pobres, os negros, as crianças, as minorias em geral – e que se acentuam no decurso da criação de um trabalho.

Ora, todos esses acontecimentos e outros mais que sempre se poderão arrolar fazem da nossa telenovela padrão um programa vivo, atual, reconhecível em sua urgência e, posteriormente, em sua historicidade. Certas telenovelas que se poderia supor excessivamente datadas ou excessivamente locais podem ser, hoje em dia, revistas e estudadas como testemunhas de um tempo e de um lugar que, em determinado momento, foram documentados.

Essa característica é, talvez, a que realmente distingue a nossa telenovela atual; não a faz necessariamente melhor que a minissérie, mas lhe confere um caráter e, quiçá, um papel social que a minissérie não tem, ainda que esta possa ter uma proposta e execução mais elaboradas formalmente.

A telenovela tem tido, no Brasil, uma espécie de coautoria: a da realidade e a da sociedade.

Um dos elementos fundamentais da telenovela brasileira é a existência obrigatória de uma trama principal e muitas subtramas. As subtramas são histórias paralelas, de vários tipos e coloridos, que correm ao lado da principal, ligando-se de alguma forma a ela. É como se os ramos da árvore se entrelaçassem – o que, de fato, acontece com árvores de muitos tipos. Cada ramo tem vida própria, com folhas e flores, tem sua própria unidade, mas está ligado aos demais, saindo todos do tronco principal e guardando a unidade principal, proveniente dele.

Se analisarmos, por exemplo, as telesséries europeias, veremos que se cria uma história passível de manter o interesse e ter uma longa duração, com muitos incidentes e duas ou três personagens fortes e marcantes no seu cerne. É como se fosse um longo filme de ação, de aventura, de época.

A telenovela brasileira, ao contrário, apresenta, já nos seus primeiros capítulos, a história principal e as várias histórias secundárias. Jamais uma telenovela brasileira atual se contentaria em desenvolver uma única história, por mais rica que fosse. A apresentação de muitas tramas secundárias é garantia da possibilidade de tornar a história mais extensa e complexa. Tendo em vista que a novela vai sendo escrita ao mesmo tempo que é veiculada, conclui-se que é indispensável para o autor a possibilidade de escolher entre vários fios narrativos e desenvolver os que se comprovem mais férteis, ou que tenham maior aceitação junto ao público.

A existência dessas subtramas, decorrentes e dialeticamente ligadas à criação de personagens adequadas para conduzir as ações correspondentes, lembra a técnica de criação dos seriados: nestes, a cada episódio cria-se um novo conjunto de histórias e personagens – ou utilizam-se personagens apresentadas anteriormente. Na telenovela, o conjunto de personagens e histórias – os núcleos, os *sets*, as famílias – são utilizados paralelamente, concomitantemente.

Ou seja, as várias tramas que, no seriado, se sucedem umas às outras, na telenovela são lançadas ao mesmo tempo ou quase ao mesmo tempo.

Mas, excepcionalmente, pode acontecer que uma subtrama seja introduzida *durante* o desenrolar da criação da telenovela; caso haja um refluxo de audiência, um esmorecimento de êxito, imediatamente o autor *inventa* uma nova história, lança uma nova personagem e a coloca no ar em pleno andamento normal da história principal. Inova-se, assim, sobre a sinopse original, que é aberta o bastante para receber esse novo material, pensado e escrito depois.

Alguns escritores já bastante experientes nessa difícil arte às vezes lançam no ar, sub-repticiamente, sementes de histórias e personagens que, talvez, possam ser utilizadas. Essa técnica que vem, como tantas outras, do folhetim literário, pode redundar em histórias e personagens soltas, natimortas, olvidadas ao longo do caminho. Não importa; entre todos os esquecidos, um caso pode vir a dar certo: uma criança que nasceu e cuja vida foi silenciada, alguém que se supunha morto e ressuscitou, viajantes que se perderam na estrada... e podem nascer novas tramas, novos incidentes, um novo caminho, enfim, para uma novela momentaneamente exaurida.

As tramas paralelas costumam ser de variados tipos e naturezas. Já se tornou lugar-comum glosar a insistência dos autores em contrabalançar núcleos de personagens ricas com núcleos de pobres – na verdade, de gente da pequena classe média; os pobres mesmos dificilmente têm lugar na telenovela. Por outro lado, é comum que se introduzam na história tramas paralelas de tons mais leves, feitas para amenizar o teor dramático de certos enredos. Essas tramas servirão, no momento oportuno, para que o autor crie cenas de alívio, que forneçam ao espectador modos de fugir ao ambiente excessivamente pesado que porventura aconteça na história principal.

Alternam-se cenas de finos apartamentos com cenas de pequenas casas de bairro ou de subúrbio; momentos de violenta emoção com momentos de sorrisos simpáticos; os amores dos jovens e a cupidez dos maduros. Tudo isso é permitido porque existem as subtramas. A concentração numa única história, como se disse, fica bem em minisséries. A telenovela precisa e se vale da multiplicidade de enredos.

4. O PRIMEIRO EPISÓDIO E O PRIMEIRO CAPÍTULO

Todos sabem que o começo é sempre difícil – e muito importante. O começo de qualquer caminhada supõe romper a inércia, dar o primeiro passo, forçar corpo e espírito a abandonar o cômodo *statu quo ante*, que poderia ser até o nada. Além de difícil, incômodo, violentador e cansativo, o primeiro passo é extremamente delicado; presume-se que ele deva ser dado, antes de mais nada, *na direção certa*! Dá-lo na direção errada supõe volta, retrocesso e recomeço: duplo esforço, acrescido da consciência do erro.

A primeira impressão é fundamental; já que estamos falando em teleficção, e teleficção fracionada, o primeiro passo da narrativa que a emissora de TV nos está propondo vai determinar que vejamos ou não o programa proposto, vai determinar a preciosa audiência! Parece claro que o unitário não corre esse perigo; mas será que não mesmo? Naturalmente, o unitário não tem primeiro capítulo; mas tem *primeiros momentos*, primeiras cenas. Se as primeiras cenas de um caso especial não agradarem, no primeiro intervalo comercial iremos em busca de outro programa. Portanto, o que se diz do primeiro capítulo se pode dizer das primeiras cenas, das quais, aliás, o capítulo é feito.

Primeiro episódio, primeiro capítulo, primeiras cenas. O que é isso?

Chamamos anteriormente de *primeiro episódio* o primeiro capítulo de um seriado, exatamente pelo seu caráter de relativa unidade e integridade: o episódio conta uma história completa, história essa, porém, contida na unidade maior de todo o seriado, que lhe dá sentido e integridade final.

O episódio, como foi dito, compartilha as características do unitário e do capítulo: tem começo, meio e fim, como o unitário, mas mantém personagens fixas de uma história inteira e remete-se, ainda que de maneira relativa, ao corpo da ficção maior: Malu, Joana e Elliot Stabler venceram esse desafio – o que acontecerá na próxima semana?

O primeiro episódio de um seriado possui, no entanto, características especiais; ele precisa "vender" a história, e não somente ela, mas uma longa história fracionada e intermitente que irá ao ar, provavelmente, uma vez por semana. O primeiro episódio precisa motivar o telespectador a lembrar-se de que, em tal dia e a tal hora o seriado o espera. O suspense, essa peculiar espécie de gancho do seriado, é não só problemático como complicado. Não se podem criar expectativas com acontecimentos que não se completam, ações que não se resolvem. O conflito que tenha sido colocado, intensificado, eclodido, terá de ser resolvido. As soluções terão de ser propostas e experimentadas. O gancho deve vir da qualidade da criação de personagens (e atores), da qualidade da história geral, da qualidade do grande conflito básico. Os espectadores de *Malu Mulher* prenderam-se ao seriado porque o conflito básico da mulher descasada contra o mundo hostil lhes interessou. As mulheres identificaram-se com a protagonista, os homens ficaram curiosos com a evolução dos acontecimentos que, no seu total, dariam o desenho final das personagens. Não havia, propriamente, suspense ao final de cada episódio, relativo aos acontecimentos daquela unidade, mas havia um suspense relativo à evolução de toda a constelação de personagens.

O primeiro episódio de um seriado deve, ao mesmo tempo, apresentar todas as personagens principais do conjunto, dar suas características básicas *em ação* – mostrar o que são por meio, principalmente, do que fazem –, contar uma boa história e dar o impulso inicial à bola que vai rolar no seriado inteiro.

O episódio inicial de *Malu Mulher* descrevia a grande briga final entre a protagonista e seu marido; justificava o desentendimento, que vinha se avolumando, até explodir. Mostrava a violência da situação e sua repercussão nas demais pessoas envolvidas: a filha, os pais, os amigos. Começava com um conflito maduro, mostrava a violenta eclosão e, depois, a solução: o divórcio. Assim, ao mesmo tempo que expunha a situação básica, motivadora do restante da história, apresentava as personagens principais em ação e colocava o espectador diante das possibilidades futuras. Eram essas possibilidades futuras, exatamente, as responsáveis pela criação da expectativa, do gancho especial.

Coisa razoavelmente diferente acontece com o primeiro capítulo; comecemos por pensá-lo como o primeiro capítulo de uma telenovela. O que se espera dele?

Sua tarefa também não é nada fácil. Em primeiro lugar, no sistema de produção e exibição vigente no Brasil, uma novela sucede a outra, o que quer dizer que um *mundo ficcional* sucede a outro. Já sabemos como ocorre a empatia, a ligação emocional do espectador com o mundo ficcional da telenovela. Dessa maneira, quando termina uma novela, com o seu universo peculiar feito de personagens, histórias, amores, paixões, emoções, torna-se difícil para o espectador comum desligar-se dela. Ele resiste, irrita-se, rebela-se contra a intromissão de gente estranha naquele horário em que ele estava acostumado a receber em sua casa determinadas personagens e somente aquelas.

Portanto, o primeiro capítulo deve, entre outras coisas, cooperar para que o telespectador se desligue emocionalmente da novela que findou e fazê-lo interessar-se pelo novo mundo de ilusão que ficará com ele por mais seis meses. Para isso, o primeiro capítulo deve ser:

- interessante;
- movimentado;
- informativo.

E tudo isso concomitante e não alternativamente.

Uma telenovela deve abrir mostrando toda a sua força, toda a sua potencialidade. Esse início reunirá algumas das qualidades do primeiro episódio de seriado, relembrando: apresentação de personagens, colocação do ambiente e do clima da história básica, introdução do conflito principal; e outras características próprias: instalação de um tipo de gancho próprio da telenovela, feito de micro e macroexpectativas, apresentação de pelo menos algumas das tramas secundárias e personagens que as interligarão, e introdução da trama principal com seu respectivo conflito.

Um dia, o respeitável diretor Walter Avancini advertiu-me: "Em novela, preparou dançou". Com isso, e respaldado por uma carreira vitoriosa e larga experiência, ele queria dizer que o primeiro capítulo deve ser "pauleira", ação pura, movimento e dinamismo. Nada de ficar explicando por que e como; nada de introduzir personagens com suas respectivas psicologias e razão de ser. Nada de potencialidades. Pura ação.

Isso vai contra muitos tratados de dramaturgia, mas e daí? Em televisão, quem teima, dança. Além disso, está aí o Ibope que não nos deixa mentir.

Nesse sentido, as teorias são duas, basicamente: ou você começa com pequenos *flashes* de cada uma das tramas e subtramas que pretende desenvolver – e isso supõe apresentar pelo menos as principais personagens de cada *set*, de cada núcleo de ação – ou entra de uma vez no assunto principal e mostra-o claramente, deixando o espectador ciente do que o espera e do que deve esperar.

As duas teorias têm seus mistérios e estão ligadas a diferentes modos de ver a questão do suspense. Na primeira, supõe-se que seja importante para o espectador ao menos tomar conhecimento das várias subtramas, das várias historinhas que correrão paralelas à ação principal – ou pelo menos de boa parte delas. Ele verá as personagens e também os atores que as encarnarão e responderão por boa parte da sua empatia; tomará conhecimento dos cenários, dos locais de ação, de suas peculiaridades.

A segunda teoria baseia-se na suposição de que o espectador deve logo, e quase exclusivamente, ser posto a par do núcleo da ação principal, entendendo-se núcleo de ação como o grupo humano em cujo interior, por força de conflitos, se darão as variações e, consequentemente, as mudanças dramáticas.

Afinal, é ela, a ação principal, que vai agarrá-lo com mais força; é a história principal que se supõe irá interessá-lo e que dará credibilidade às ações secundárias. Posto a par do *plot* básico (uma mulher luta pelo homem que ama, embora ele seja casado com outra; uma mulher luta para fazer com que um avião – o país? – decole; um homem volta à sua cidadezinha natal para desfazer um equívoco), o espectador decide se essa história lhe interessa ou não. Claro está, e ele já conhece as regras do jogo, que a novela não se bastará nessa história única. Se assim fizesse, seria uma minissérie e não uma telenovela. Outras tramas existirão, elas tendem a ser mais ou menos interessantes, pode ser até que uma delas termine por fazer sombra à história principal, mas isso não importa. Na realidade, o telespectador sabe que há tempo para tudo e que, nos próximos seis meses, mais dia, menos dia, ele estará sendo posto a par de todos os detalhes.

A verdade é que sempre existe lugar para o meio-termo, para a harmonização das duas teorias. O perigo temido por todos os bons diretores de novela é o estático, o vazio, o excessivamente subjetivo. Desde Aristóteles, sabe-se que o que vale é a ação, e que por meio dela as personagens se mostrarão. O bom autor de telenovela é capaz de fazer um primeiro capítulo equilibrado, no qual sejam vistos ao menos os principais núcleos da ação, mas que enfatize a trama principal de maneira que as personagens que nela intervenham mostrem-se promissoramente coerentes, interessantes e ricas. Assim se terá conquistado o público rebelde nos primeiros capítulos e, consequentemente, a audiência para a telenovela.

E, finalmente, nunca se deve esquecer que o diretor do programa conta com um trunfo final escondido na manga: ele pode – e, em geral, o faz – editar dois ou três capítulos escritos e transformá-los em um só, compactando e tornando mais essenciais os acontecimentos; teremos, então, o legítimo *primeiro capítulo*, "pauleira", o bom.

5. MICROESTRUTURA: O CAPÍTULO

Há algum tempo, ao organizar um curso sobre a telenovela brasileira, lembro-me de ter arrolado dez itens que seriam correspondentes a outras tantas características de um capítulo de novela típico. Eram eles os seguintes:

1. Num capítulo de telenovela, sempre deve haver algo que *mova* os acontecimentos, seja esse *algo* uma personagem, um fato, uma circunstância. Por obra da vontade ou por mero acaso, deve-se dar um passo adiante.
2. Esse movimento deve, preferencialmente, envolver algum protagonista.
3. É conveniente que se trate, no decorrer do capítulo, além da história principal, de uma ou mais subtramas.
4. É bom que a expectativa final do capítulo, o gancho, envolva algum protagonista.
5. As cenas são, geralmente, curtas (um a três minutos). Quase nunca se fazem cenas de mais de cinco minutos.

6. O capítulo deve "sorrir", ou seja, desenvolver alguma das subtramas ligeiras, suaves, cômicas ou românticas.
7. O capítulo deve "respirar", ou seja, deve ter alguma cena em externa.
8. Normalmente, o capítulo deve começar "alto" (porque soluciona o gancho), baixar e voltar a subir no final, em geral para novo lance de expectativa.
9. O gancho nunca deve enganar o espectador, propondo-lhe uma expectativa falsa.
10. Finalmente, e como consequência do primeiro ponto, é preciso que, no capítulo, haja uma efetiva *mudança*, que a situação antes existente se modifique de alguma forma.

Esses pontos ainda me parecem importantes, mas nada como uma telenovela depois da outra; os autores estão sempre se renovando e renovando o gênero, pelo menos nas suas características externas. Assim, passaremos agora a algumas explicações sobre esses itens.

Para que um capítulo de telenovela cause interesse, agrade ao público e motive a audiência, é indispensável que ele tenha dinamismo, movimento interno, mudanças; é preciso, enfim, que tenha ação.

Mas não se deve entender a ação como mero movimento exterior. Não são as perseguições de automóvel que fazem uma história interessante; são as razões da perseguição, a situação que a antecede, a que a sucede, os motivos das personagens, as emoções envolvidas, as consequências do fato, os conflitos entre personagens e sua resolução.

Emoções, conflitos, razões, motivações, mobilidade interna, mudança de situações podem existir igualmente sem a perseguição de automóvel. Podem existir entre duas pessoas encerradas numa caverna, entre duas pessoas conversando numa igreja, entre duas pessoas num quarto, ou até mesmo na cena de uma única pessoa falando ao seu deus diante de um altar. Numa cena dessas, por exemplo, é bastante verossímil que a personagem *se confesse*, fale de si, dos seus sentimentos e pensamentos mais recônditos e faça um pedido, uma súplica. Assim fazendo, a personagem estará desvendando algum recanto oculto da sua alma, oculto, é claro, para o telespectador. Se isso modifica a situação até então conhecida, isso é a *ação*. Se a personagem, na sua súplica solitária, feita numa sala fechada, revela um fato, uma relação, um acontecimento passado que influi na vida dos demais do universo da ficção e a modifica, isso é a *ação*. Antes da confissão (estática, solitária e recolhida) pensava-se que A amasse B, que ninguém conhecesse o autor de um crime, ou que fulano estivesse morto. A confissão feita diante do altar (e aos telespectadores) mudou o nosso conhecimento; mudou, portanto, o *real existente* da ficção. Isso foi ação.

Para que um capítulo seja bom, é indispensável que *algo aconteça*; que uma situação x mude para y, que amigos briguem ou inimigos se reconciliem, ou que tudo isso esteja em via de acontecer, ou pareça, ainda que ilusoriamente, que *vai acontecer*. Uma *tensão* é sempre necessária: o arco retesado, pronto para disparar a flecha; a flecha disparada e o alvo a ser atingido; o que acontece a esse alvo e de que maneira isso afeta os demais elementos da novela! É preciso que ocorra uma mudança interna nos fatos, mesmo sem o movimento externo dos corpos.

Um dos graves defeitos das primeiras novelas eram as grandes festas, os grandes ajuntamentos, as grandes aglomerações *vazias*, destituídas de conteúdo; isso é o que se pode chamar, em técnica dramatúrgica, de excesso de objetivo sem conteúdo interno; são situações nas quais faltam o elemento subjetivo, a motivação, a emoção, o anímico. Interessa saber *o que* levou o *indivíduo* à festa, o que lhe aconteceu no contato (e no atrito) com os demais indivíduos, com o grupo, com a constelação de relações. O que isso provocou, o que significou? Terá sido suficiente para alterar alguma coisa no conjunto? Se foi, a festa valeu. Se não, foi apenas uma festa.

Na verdade, alguns bons capítulos de telenovela trazem *várias* mudanças de situação. No entanto, isso não pode acontecer sempre, ao longo de toda a duração da série. Seria demais exigi-lo de uma produção com duzentos capítulos, meses de duração, dezenas de personagens a serem administradas e situações a evoluir. De qualquer forma, uma mudança deve existir. Só ela já justificaria a existência do capítulo.

É preferível sempre que a modificação existente no capítulo envolva algum dos protagonistas, ou até mais de um. É fácil compreender por quê: os protagonistas – que em geral são dois, três, quatro – concentram em si a dose maior de interesse da história e do espectador. São as personagens que alimentam a expectativa e que dão mais de si, até em termos quantitativos, à história. É por isso também que um *capítulo interessa menos quando não participa dele um protagonista*.

Sabemos que, no decurso da novela, podem ocorrer modificações importantes no *conceito de protagonista*. Certas personagens, e seus intérpretes, são lançadas como pedras básicas da história. Depois, no decurso da ação, vê-se que não conseguiram – a história, as personagens e os atores – atrair o público da maneira que se esperava. Faz-se um ajuste e, por consequência, quem era protagonista passa a personagem secundária e vice-versa.

Nesse caso, é claro, muda também a frequência com que a personagem aparece em cena. A frequência, aliás, é elemento fundamental no conjunto, e a esse assunto voltaremos. No entanto, a regra mencionada, a de que o capítulo deve trazer sempre ao público a visão dos protagonistas, e que a ação dramática deve se dar, sobretudo, por meio deles, parece-me indiscutível. Que existam várias modificações, e algumas delas se deem por meio de personagens secundárias é, também, inerente ao gênero; caso contrário, as tramas secundárias não caminhariam. O que se diz é que a trama principal precisa dar *pelo menos um passo* em cada capítulo.

A telenovela é feita, como se disse, de trama principal e subtramas; é a existência de histórias secundárias que garante a possibilidade da extensão do *culebrón*. É comum contar, na novela atual, de dez a vinte subtramas, todas elas com localização, núcleo de personagens, conflitos, evolução e resolução próprios.

Ora, um capítulo deve contemplar, mesmo que ligeiramente, pelo menos algumas dessas subtramas, paralelamente à trama principal. O primeiro capítulo, nesse particular, é delicado: é comum que apresente *quase* todas as subtramas, embora se saiba que algumas irão, na verdade, ser introduzidas mais tarde.

A subtrama, a trama secundária, costuma ter seu *set* próprio, seu cenário particular: casa, comércio, fazenda, dependências de uma casa. Ali se concentram e desenvolvem sua história os participantes daquela trama, dessa história paralela.

No âmbito da novela brasileira criou-se, nos últimos tempos, um tipo de novela rural, que concentra suas ações, quase sempre, numa pequena cidade. Isso aconteceu, por exemplo, em *Gabriela, Cravo e Canela*, de Jorge Amado, adaptação feita por Walter George Durst, prosseguiu com *Saramandaia*, de Dias Gomes, teve uma alternativa em *O Bem-Amado*, também de Dias Gomes, e desembocou em *Tieta*, adaptação da obra de Jorge Amado feita por Aguinaldo Silva, em *Pedra Sobre Pedra* e *A Indomada*, ambas também de Aguinaldo. Aqui se recriava e aperfeiçoava a técnica, muito usada em romances policiais, de concentrar todas as personagens e toda a ação em um cenário mais ou menos fechado.

Os romances policiais de que falamos limitam toda a ação de suas histórias a uma casa bloqueada, uma mansão inglesa isolada pela chuva, um navio, um trem, um avião, uma ilha etc.

A telenovela rural se desenvolve numa pequena cidade, dotada de todos os elementos indispensáveis ao gênero -- igreja, delegacia, prefeitura, farmácia, venda, boteco, bordel, cassino ou boate, fazendas próximas, casarões dos ricos, praça central, coreto, cemitério; e também de personagens típicas: fazendeiros, proprietários ricos, prefeito, padre, beatas, farmacêutico ou dentista, delegado(a), esposas, mendigos e bêbados, lobisomem. Aí, nesse microcosmo por excelência, irão se desenvolver todas as histórias e sub-histórias, sem que haja necessidade de fazer, por um passe de mágica, com que todas as personagens jantem, por acaso, no mesmo restaurante do Rio de Janeiro.

Nesse número, às vezes bastante grande, de tramas e subtramas, é indispensável saber dosar a evolução de cada história, fazê-la aparecer em capítulos cuja frequência tem de ser estudada e ponderada para não esgotar o enredo secundário, mas, também, não deixar que o espectador o esqueça ou se desinteresse dele. Às vezes, uma subtrama demanda, para a evolução de um acontecimento dado, seu aparecimento em dois ou três capítulos subsequentes. Posteriormente, dá-se um descanso ao núcleo farmácia ou ao núcleo lobisomem, e tudo bem.

O desenvolvimento harmonioso da trama central e das tramas secundárias é uma das características da telenovela de modelo brasileiro. O aparecimento e desenvolvimento dessas tramas, em cada um dos capítulos, é parte importante do sucesso desse modelo.

Como já dissemos, são as personagens principais, representadas pelo intérprete mais ligado ao mundo de imaginação do telespectador, que garantem, pelo menos em princípio, o êxito da longa história contada na telenovela. O público se sente frustrado quando o protagonista – às vezes só o ator predileto – falta, por assim dizer, ao encontro marcado de cada noite. O público tem – e *quer ter* – sua vida invadida pela vida ficcional que lhe traz a TV (claro está que falamos dos exemplares mais bem-sucedidos de história). Assim, a cada avanço dessa *invasão*, à medida que a ficção vai ganhando força no real do espectador, mais crescem o interesse e o prazer que ele tem na novela diária.

Dessa forma, assim como é conveniente para o sucesso do capítulo – e do conjunto – que os protagonistas estejam, ainda que de passagem, presentes aos olhos do público, também é conveniente que o gancho envolva um ou mais protagonistas.

As razões decorrem do que foi dito: a empatia que se estabelece com os protagonistas garante a força do elemento de expectativa, do gancho. Assim, ele tem mais oportunidades de, realmente, motivar a audiência.

A necessidade ou não da utilização do gancho é outro assunto. Alguns autores têm-se rebelado contra essa imposição do gênero, que consideram artificial, conservadora, falsa. Não têm sido poucas as experiências feitas no sentido de abandonar essa técnica. E, naturalmente, são válidas. Também se pode escrever uma história policial, de crime, contando logo no início quem é o assassino. Nesse caso, os elementos de interesse para o leitor passarão a ser outros e cabe ao autor a tarefa de encontrá-los e realizá-los com eficácia. O mesmo acontece com o gancho na telenovela. Ele é apenas *um* dos elementos do conjunto de técnicas comumente utilizadas para manter a expectativa. Se essa finalidade for conseguida sem o uso necessário do gancho, melhor para o autor.

Agora, a certa distância do primeiro planejamento, não me parece tão importante a questão da dimensão das cenas. É hábito, de fato, "picotar" o capítulo em cenas relativamente curtas, permitindo-se o autor, quando muito, *uma* cena longa, de cerca de cinco minutos. Mas isso é, hoje em dia, mais uma resultante do *estilo* do autor, do *caráter da história*, de sua localização no tempo e no espaço, das *circunstâncias*, enfim, acidentais e próprias de cada novela. Certos momentos peculiares dentro da trama – momentos em que devem ser feitas explicações, confrontações pessoais, acertos de contas – pedem cenas mais longas e mais lentas. Cabe ao autor escolher esses momentos e essas cenas, de acordo com seu próprio estilo e as necessidades da história.

O capítulo, como já foi dito, tem sido feito, na novela brasileira contemporânea, com uma duração de trinta a 45 minutos de *ficção*, tempo completado com os comerciais, abertura e encerramento, créditos, repetições, introdução de *flashes* do capítulo posterior etc. Já é hábito começar um capítulo com a pura e simples repetição de parte da última cena do anterior, cortando-o no próprio final dessa cena, para começar, em seguida, um capítulo novo. Atualmente, a TV Globo utiliza a técnica de repetir o gancho, dando-lhe sequência natural, sem interrupção, completando a cena, para só então cortar para a introdução dos créditos de abertura. São técnicas passíveis de modificação a qualquer momento e que valem, naturalmente, pelo caráter de novidade, que é sempre atraente.

Também é comum que as cenas iniciais e finais do capítulo sejam mais curtas, e que a cena (ou as cenas) mais longa fique no miolo da unidade. Como é também frequente a existência de mais de um gancho, as cenas curtas do final têm em si, quase sempre, um elemento de expectativa, maior ou menor, e que funciona por acumulação, para criar a expectativa total.

A divisão do capítulo em blocos é também variável, segundo a época e os interesses de cada emissora. O mais comum é que se divida a unidade em três ou quatro blocos intercalados por comerciais. Não é preciso dizer que, quando vendidos para o exterior, os blocos são compactados, eliminando-se os comerciais de origem, para reorganizar os capítulos de acordo com o local em que forem retransmitidos.

O caráter e a dimensão de uma cena, afinal, são consequência automática do teor do que se quer dizer nessa cena. Há personagens cujo centro de ação é a sala ou o quarto, enquanto outras vivem ao ar livre. As cenas que as envolvem devem obedecer a essas peculiaridades de localização, de tipo e de ritmo. É, no fundo, o *conteúdo* que vai ditar a forma; melhor ainda, conteúdo e forma devem estar indissoluvelmente ligados.

Essa observação é válida quando se trata das novelas chamadas "sérias", ou seja, aquelas cujo elemento dramático (no sentido de gravidade do tema) predomina. Mas o que fazer quando toda a novela é marcada pelo sorriso, ou seja, quando é uma história predominantemente cômica?

Creio que nesses casos pode-se utilizar a observação às avessas, ou seja, deve-se introduzir alguma linha de ação que tenha gravidade, seriedade, que seja *dramática*. Uma telenovela cômica *não é um* seriado cômico, não é *Os Trapalhões* ou *A Escolinha do Professor Raimundo*, mas uma história leve, marcada pelo humor, com tramas românticas, preferencialmente bem-sucedidas, tramas que envolvem jovens, crianças, fantasias, quiproquós, enfim, a longa e ampla gama de recursos da comédia. No entanto, dentro desse contexto, uma subtrama séria, um pouco mais grave, um pouco mais adulta, será sempre bem recebida; a telenovela se tornará um *melodrama cômico* (se é que isso existe). Chame-se como quiser esse exemplar da "novela das sete" da TV Globo, a verdade é que essa espécie de história tem sido bem acolhida pelo público, chegando, às vezes, a suplantar a audiência de histórias mais "sérias".

Em relação à necessidade de cenas exteriores, citada no item 7, cabem as observações feitas com respeito aos últimos três itens. Naturalmente, a criação de segmentos passados em exteriores, além de obedecer à verossimilhança e ao caráter predominantemente *realista* que tem tido a telenovela, dão ao público a oportunidade de "respirar", de fugir à sensação de claustrofobia que as constantes cenas em estúdio provocam. No entanto, uma novela pode se caracterizar exatamente por ser *encerrada*, fechada, por se desenrolar em interiores. Fará parte de sua história, de sua proposta, da intenção do autor, a criação desse ambiente. Nesse caso, a novela se desenrolará, basicamente, em quartos, gabinetes e salas.

No entanto, quando se trata, por exemplo, das já mencionadas novelas rurais, o exterior é fundamental; tanto isso é verdade que, em quase todos os casos, foram criadas *cidades cenográficas*. Essas cidades, construídas com o mesmo esmero daquelas de Hollywood nos anos de 1940, servem exatamente para as cenas externas da novela, sempre em número bastante grande, representando de trinta a quarenta por cento do total do capítulo. Isso faz parte da proposta da criação e não pode acontecer de outra maneira. Geralmente, uma telenovela que se desenrola no Rio de Janeiro terá mais externas que outra passada em São Paulo; uma que se desenvolve no Nordeste terá mais externas que outra que se passa no Rio, e assim por diante.

A cena externa *é pedida* pela história, *e pede*, dialeticamente, sua história; é a personagem perdida no campo, escondida no mato, vendendo sanduíches na praia, percorrendo as ruas do seu bairro, ensinando a voar, surfando, mergulhando no rio Negro ou amando nas águas do Pantanal. A história traz a personagem, que traz o seu entorno. Tudo se liga a tudo, e uma cena não é, portanto, uma criação aleatória, que pode se passar em qualquer lugar. Sabemos que, na prática, as coisas não são tão orgânicas: às vezes, o autor desejou uma cena exterior, planejou uma externa, e o mau tempo, a urgência, a economia transportam a cena para outro lugar. Má sorte. Com certeza, a cena terá perdido em consistência; mas fatos são fatos, e a telenovela, como todos sabemos, em sua feitura concreta, em sua produção, dá sempre a impressão de que está correndo na frente de uma locomotiva.

A questão da modulação do capítulo é mais constante e a resolução tem sido, também, mais regular e estável. Cada novo capítulo – o problema do primeiro foi tratado à parte – provém do anterior, herdando dele não apenas a continuidade da história e o caráter das personagens, como também a necessidade de solucionar as questões ali propostas, em especial as *últimas* – o que vem a constituir, enfim, o famoso gancho.

Se, no capítulo vinte de uma novela, a mãe cuja filha já se revelou independente, rebelde, enamorada de um inimigo da família, mas que não é especialmente má nem ingrata, pergunta com voz comovida: "Então, minha filha, você vai ou não deixar de ver esse rapaz?" E, se essa pergunta acontece no fim do capítulo, se a câmera congela a imagem da filha, o rosto angustiado, cheio de dúvidas, conflitada entre a paixão e o amor filial, é claro que isso é um gancho e que a audiência, no capítulo 21, terá o direito de esperar uma resposta clara da filha hesitante.

Portanto, o capítulo terminou *alto*, e o capítulo seguinte vai começar *alto*. A jovem vai dizer "Sim, mamãe", o que é o mais provável, embora talvez não corresponda às suas verdadeiras intenções – mas pode corresponder a um desejo sincero e momentâneo –, ou vai dizer, em alto e bom som: "Não!", e aí só Deus sabe o que vai acontecer.

De qualquer forma, em termos de modulação, a altura atingida por esse início não pode ser conservada por muito tempo, ao menos na média dos capítulos. O que mais frequentemente ocorre é que, depois da cena de resolução do gancho, outras tramas serão enfocadas, outros assuntos, talvez de menor importância, começarão a correr, e a audiência será encaminhada a se preocupar com subtramas que não envolvem a mocinha, o namorado e a mãe.

Destarte, ocorrerá uma *baixa* na ondulação do capítulo, baixa que, talvez, seja parcialmente compensada no fim do primeiro bloco, com uma ligeira elevação, que nunca chegará à altura do fim de capítulo.

Esse desenho poderia ser feito mais ou menos assim:

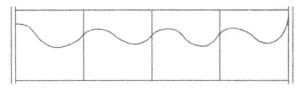

Não há nesse gráfico nenhum propósito de exatidão. É apenas a representação aproximada (e malfeita) de um exemplo de capítulo padrão. A tensão começa alta, procura-se expor mais longamente, talvez, e resolver a questão apresentada no fim do capítulo anterior. Tendo isso feito, passa-se a outros assuntos.

Mas, pelo menos na divisão do capítulo original, a ser apresentado no seu local de produção, ocorrem os intervalos comerciais, que são sempre uma ameaça de troca de canal pelo telespectador, momentaneamente desinteressado. Cabe, portanto, ao autor providenciar uma dose, pequena que seja, de expectativa, com que brindar o telespectador. Daí a relativa subida que ocorre em fim de bloco. Finalmente, teremos a subida final, no fim do capítulo, que costuma ser maior em capítulos destinados ao último dia da semana, quando ocorrerá uma interrupção.

De tudo isso provém o desenho.

O capítulo é, portanto, verdadeiramente ondulado, e, em geral, não costuma atingir as maiores alturas senão no princípio e no fim, na criação e na resolução do gancho. Sobre a natureza do gancho se voltará a falar, bastando por ora concordar que, pelo menos até o momento, é o recurso usado por nove entre dez autores brasileiros de telenovela.

Lembro-me de quando era criança e ia ver as fitas em série, produções de Hollywood transmitidas em episódios, muitas vezes histórias de faroeste, aventuras na selva ou em outros planetas. As fitas em série, antecessoras das telenovelas, eram exibidas nas matinês de domingo, antes dos (dois!) filmes principais e seus episódios terminavam sempre com uma cena emocionante, criadora de suspense, perigo e ameaça para o mocinho ou a mocinha: ela amarrada nos trilhos do trem, tendo sido raptada pelo bandido enquanto o mocinho vinha a cavalo; ele sendo perseguido por facínoras odiosos etc.

Mas me lembro também de quando perdi a inocência: foi num dos filmes seriados, quando a protagonista despencava de uma montanha altíssima, sem nenhuma chance de sobreviver. O filme parava aí, e quem quisesse saber o que ia acontecer deveria voltar no domingo seguinte. Voltei, e então vi que a cena tinha sido falseada: não era a mesma sequência que eu tinha visto no fim do episódio anterior, quando a mocinha efetivamente despencava da montanha. A cena fora refeita, e a mocinha, *quando ia cair*, era salva por alguém, que a sustinha e impedia a queda.

Ora, eu enxergava muito bem e tinha boa memória; vi imediatamente que tinha sido enganada. Vem daí o fim da minha crença nos filmes em série – e o fim de uma etapa da minha infância.

Pois bem, o espectador merece tanto respeito como a criança que eu fui e é, pelo menos, tão atilado quanto eu fui. O gancho falso, aquele que cria alta dose de expectativa para depois resolver-se numa fraude, negando os fatos antes apresentados, minimizando-os ou tornando-os mais leves, irremediavelmente frustrará o público e contribuirá para o descrédito do gênero.

Se considerarmos que o gancho é sempre uma forma de conflito, *o falso gancho* é uma forma de falsear o conflito, esvaziá-lo de seu conteúdo, de adiar sua eclosão. No entanto, veremos isso adiante, bastando por ora reconhecer que o falso gancho é um recurso menor e contraproducente.

Uma telenovela é uma longa série de situações dramáticas, isto é, de personagens reunidas, em conjunto, relacionadas entre si, com suas funções dramáticas, que são, mais ou menos, *o aquilo que elas foram fazer lá*. Uma mulher veio lutar pelo seu homem, um homem veio tentar enganar os outros e ganhar dinheiro, o rapaz veio para conquistar a mocinha, que também está sendo desejada por outro etc. Cada um deles tem sua *função*, e a reunião dessas funções gera uma *situação*.

Existe uma situação básica, principal, e outras muitas, secundárias. A situação básica evolui mais lentamente, apoiada e seguida pelas demais, que são mais suscetíveis de modificação.

Essas mudanças, essa evolução das várias tramas são, exatamente, o que garante o interesse, a mobilidade, o dinamismo da história. Cada capítulo, idealmente – e isso foi dito em relação ao dinamismo, que aqui se volta a tocar –, deve sofrer pelo menos uma mudança, deve dar pelo menos um passo na longa caminhada da produção total. Isso garantirá o movimento, a evolução das situações dramáticas e o dinamismo do capítulo e do conjunto de capítulos que constitui a telenovela. Mas o que é, afinal, um capítulo de telenovela?

O capítulo é a unidade menor desse grande complexo que tem, ele próprio, sua unidade. Explicando: a novela é *uma e una*; deve ter um propósito unificador, uma ideia central, um nó, um caroço, uma semente. Nela se centralizam todos os objetivos do autor e da equipe – ela própria também autora – que realizou a telenovela.

Mas a telenovela não é, normalmente, vista de um só golpe, por inteiro; a fruição ocorre por partes, em frações que, pelo menos no momento de sua criação, foram pensadas *como unidades*, com começo, meio e fim próprios.

O capítulo é, portanto, a parcela de um todo e é formalizado em cerca de trinta páginas escritas e 45 minutos de imagem. É posto no papel quase como se fosse o texto de uma peça de teatro. No entanto, não sendo teatro, e sim imagem e diálogos, o capítulo pode ser escrito também como se houvesse no centro do papel uma linha vertical imaginária: à direita dessa linha escreve-se o que é *áudio*, isto é, o que se vai ouvir, o diálogo, e à esquerda escreve-se o *vídeo*, o que se vai ver, a descrição e sugestão de imagem.

Essa divisão é curiosa porque nos dá, graficamente, a composição de *dramático, épico e lírico* que tem a ficção de TV; à direita, o que se tem é o *diálogo*, essa forma peculiar de fazer a veiculação do *drama*, concretizada em palavras.

Suponhamos uma cena em que dois caminhoneiros, no Rio de Janeiro, acabam de livrar da polícia um moleque, por quem foram assaltados:

19. Rua do Rio de Janeiro,
próxima à praia. Exterior, dia.

Bino e Pedro caminham, cada um segurando um dos braços do menino, que tenta, de quando em quando, soltar-se.

PEDRO – Deixa de ser orgulhoso, Tição. Não fosse nóis tu tava moído de pancada!...
MENINO – Pedi nada. Dê seu jeito!
BINO – Vontade que dá é arrebentá esse fucinho... Cara mal-agradecido!
PEDRO – Escuta aqui, ô revoltado! Não pense que foi por bondade que te tirei dessa fria, tá me ouvindo? É que não gosto de covardia e muito menos de polícia.

Esse trecho de um episódio do programa *Carga Pesada*, escrito por Gianfrancesco Guarnieri, dramaturgo e ator, nos dá conta, inicialmente, do que se poderia chamar de *rubrica*, de local e tempo, circunstâncias concretas do desenrolar da ação. Depois, à esquerda do papel, tem-se os movimentos das três personagens: os dois adultos segurando um menino que tenta escapar. Pelo diálogo, à direita, vê-se que se trata de um menino negro ("tição"), salvo da polícia pelos dois caminhoneiros, que não está grato por isso, e que Bino, um dos protagonistas, inconformado com sua ingratidão, fala até em bater nele para ensiná-lo a ser mais tratável, enquanto Pedro, o outro protagonista, demonstra claramente seu desprezo à polícia.

O que se escreve à direita são as palavras ditas pelas personagens, também ali identificadas e, inclusive, os sons que se devem ouvir (essa cena comportaria, por exemplo, ruído de carros passando, buzina etc.). Mas é por meio do diálogo que se tem a evolução da situação: dois homens detendo um menino rebelde e ingrato. *Isso* – o ser *rebelde e ingrato* – é o psicológico do moleque, é sua alma, são seus sentimentos: é o *lírico*, que, no entanto, invade a própria descrição da imagem, dos movimentos; o menino "tenta, de quando em quando, soltar-se". Também aí, na configuração da imagem, se dá notícia da rebelião, do *ser rebelde*, isto é, da alma, do subjetivo. Portanto, do lírico.

Destarte, embora a parte de áudio tenha características mais próprias do *dramático*, e a parte de vídeo seja mais *narrativa*, parece-me que ambas podem ser, e de fato são, invadidas pelo elemento lírico, que surgirá tanto por meio do diálogo quanto da imagem. Mas, como foi dito de início, o diálogo, o drama falado, está à direita; e a imagem, o drama mostrado, o narrativo, está à esquerda. Deve-se dizer que esse modelo não é exclusivo, podendo ser ou não utilizado.

Como qualquer texto de caráter dramático, ou parcialmente dramático, o de ficção televisiva, ao ser realizado, sofre intervenções, cortes, acréscimos. Ele é, realmente, trabalhado pela equipe que o concretiza. Poucos textos de trabalho, quando prontos para a realização, estão mais anotados, redivididos, sublinhados, recortados. É que, sobre esses textos, literalmente dezenas de pessoas se debruçam para estudá-los e propô-los em imagens. Aqui, um idioma vai se transformar em outro, e não se pode agir de outra maneira.

Mas será que o capítulo tem, ele próprio, unidade, no sentido de bastar-se de alguma forma?

A primeira resposta que nos ocorre é negativa. Parece que essa exigência não é inerente à proposta da série ficcional para TV; se ela é concebida como uma série, se é feita para ser vista, pelo menos idealmente, em sua totalidade, para que só então possa ser apreendida, compreendida e fruída a proposta total, não se poderia exigir do capítulo que ele se baste, que tenha em seu conceito de unidade também o conceito de integralidade.

De fato, esse seria um dos elementos distintivos da telenovela. O seriado, como já dissemos, difere exatamente nisso. O episódio do seriado, lembremos, tem *unidade própria*. Ainda que inserida no todo, a unidade-episódio pode ser vista isoladamente e fruída como unidade. Na minissérie e na telenovela, acontece de modo diverso. A compreensão do todo depende do conhecimento ideal de todas as partes, em menor número na minissérie, em maior número na telenovela.

Mesmo que seja assim na maioria dos casos, acontece, às vezes, por opção do autor e em consequência do estilo e do teor da própria história, de o capítulo ter, também, sua unidade. Basta que se observem certos exemplos para verificar que em determinadas telenovelas o capítulo se encerra quase que totalmente; é uma história independente. É o que ocorre, por exemplo, em *Carrossel*, produção de origem mexicana. Essa novela apresenta, basicamente, os acontecimentos passados numa escola elementar, envolvendo professora, alunos e pessoas relacionadas a essas personagens. É bastante comum que um capítulo apresente uma dificuldade surgida dentro desse grupo, desenvolva esse conflito e o solucione, sempre dentro do mesmo capítulo. Naturalmente, os elementos de ligação constantes desde o princípio da novela permanecem e seguem suas trajetórias. Mas aquele caso, aquele problema, nasceu e resolveu-se num único capítulo; o segmento, então, tem características de episódio de seriado. É interessante notar que, como às vezes uma história se desenvolve em vários capítulos para ser solucionada em pouco mais ou pouco menos de uma semana, a telenovela passa a ter aspectos de minissérie, como se cada grupo de capítulos configurasse, de fato, uma unidade diferente. O que, afinal, resulta na infindável *soap opera*.

Assim, podendo ser o resultado compacto da junção de dois ou três para configurar um primeiro capítulo empolgante, padecendo da falta de conteúdo lá pela altura do número cinquenta, obstado pelo *merchandising* e animado pelo sucesso dos atores e pela introdução de tramas interessantes, o capítulo de telenovela vai se juntando a outros, em uma sucessão inevitável e, no final, vão todos se corporificar no único e sempre detestado *último capítulo*...

Não conheço ninguém que alguma vez tenha gostado do último capítulo de uma novela. Todo mundo os considera insatisfatórios, não convincentes, apressados, absurdos, vazios, inverossímeis.

Isso é muito natural. Obrigados a levar por toda a novela dez, quinze, vinte subtramas com suas respectivas personagens, os autores deveriam ter pelo menos dez, quinze ou vinte capítulos para resolvê-las, todas, adequadamente.

Não falo aqui, é claro, das modificações realmente tolas e insubsistentes que, às vezes, ocorrem, por razões de toda espécie, no corpo do *culebrón*. São personagens que surgem, à última hora, para namorar a mocinha que perdeu seu amor; acusados de uma morte misteriosa que não teriam a menor razão nem a menor chance de matar; casamentos súbitos, revelações impossíveis etc.

Mas, mesmo que se pense nos melhores exemplares, aqueles em que o autor realmente sabe o que faz e *consegue* fazer (o que já é outro problema), a verdade é que, por conta da expectativa criada e do interesse da audiência, não se pode fazer certas revelações senão no malfadado último capítulo.

Isso obriga o autor a um acúmulo de acontecimentos apressados: casamentos, mortes, reconciliações, partidas, chegadas, rupturas, tudo em 45 minutos de tempo real. É, de fato, difícil harmonizar todo esse material de forma convincente.

Vale ainda notar que, no caso das telenovelas de maior êxito, a própria imprensa especializada se encarrega de lançar balões de ensaio, adiantar desfechos, explorar possibilidades. De tal forma essas intervenções já perturbaram tanto o andamento de certos trabalhos que, em mais de uma ocasião, fez-se a gravação de dois ou três finais (lembre-se da novela *Roque Santeiro*), ou ainda se gravou a cena de solução do mistério na hora da exibição (*A Próxima Vítima*). No primeiro caso, à última hora, a emissora escolheu o final que efetivamente iria ao ar e, no segundo, pôde-se conservar o segredo, constituindo-se o final numa surpresa até mesmo para os intérpretes.

O último capítulo é, ele próprio, e à sua revelia, uma espécie de compacto, tal como o primeiro; este, no entanto, pode ser, e muitas vezes tem sido, exemplar – ágil, repleto de ação, de conteúdo e de acontecimentos importantes. No último capítulo, entretanto, acontece o inverso. O que deveria suceder em dez capítulos fica prensado em um único; as soluções são apressadas, às vezes com saltos no tempo (em telenovela, essa solução nem sempre é satisfatória), mudanças de caráter, de comportamento, de conformação psicológica de personagens, e vários outros inconvenientes.

Mas, enquanto houver o suspense, enquanto a audiência for garantida por meio da criação da expectativa, será muito difícil agir de outra forma. O último capítulo continuará a ser um amontoado de acontecimentos e soluções comprimidas, e o público, que não deixará de vê-lo, também não deixará de se sentir frustrado.

E não se pode esquecer que parte dessa frustração advém, igualmente, do fato de se chegar ao fim da novela.

Nenhum espectador quer que a novela termine, principalmente se ela lhe agradou. Acostumado àquele mundo ficcional, embalado pelas personagens criadas, o espectador não tem por que querer romper a rotina.

Tendo permitido que aquela história entrasse no seu mundo, o público não deseja vê-la substituída por nenhuma outra. O último capítulo é o golpe de misericórdia no universo conhecido e familiar da ficção.

6. MACROESTRUTURA: MINISSÉRIE E TELENOVELA

Um dos assuntos mais discutidos ao longo da história do teatro é o que diz respeito à dimensão de uma peça, sua duração e divisão em atos. Isso tem a ver, é claro, com a maneira de organizar o material, de ponderá-lo, com a escolha do assunto, a forma de expô-lo, de eleger as prioridades e organizá-las no tema.

A tragédia grega, por exemplo, é um bloco compacto, relativamente curto – aliás, ela fazia parte de uma trilogia. Na tragédia, não se perde tempo –, o assunto é logo exposto, o problema é apresentado, desenvolvido, complicado (com os competentes interlúdios líricos e narrativos) e resolvido. Em uma hora, pouco mais, tem-se a exposição, a eclosão do conflito, sua resolução e o final – não estamos aqui, propositadamente, usando os termos adequados do ponto de vista histórico. Estamos apenas indicando os fatos.

O problema da duração real (não o ficcional) de uma peça de teatro é um problema de espetáculo. Num determinado momento da vida dos povos interessa um espetáculo desta ou daquela dimensão. No caso dos gregos, por exemplo, as representações começavam de manhã bem cedo, valiam-se da luz natural, a luz do sol, e apresentavam mais de uma peça, ao que consta uma trilogia trágica seguida de um drama satírico. Era programa para uma manhã inteira, pelo menos, e fazia parte de um conjunto em que apareciam também cerimônias outras, inclusive de caráter religioso – aliás, o teatro também tinha caráter religioso. A expectativa social era de uma manhã de teatro, por vários dias seguidos. A sociedade esperava isso.

Na Idade Média, a festa teatral durava um dia inteiro. Nos nossos dias, e já há bastante tempo, a comunidade espera uma peça de teatro de aproximadamente duas horas; muito mais ou muito menos que isso é exceção. E, em geral, espera-se que o espetáculo seja à noite, como coroamento de um dia de trabalho ou de um dia preenchido com outras formas de lazer e divertimento.

Um filme de cinema também obedece ao mesmo esquema: supõe-se que dure aproximadamente uma hora e meia. Claro está que *E o Vento Levou*, com quatro horas de duração, não foi um fracasso por causa disso. Mas foi, sem dúvida, um caso excepcional.

Fica evidente que, se ao dramaturgo é concedido o tempo de espetáculo correspondente a aproximadamente duas horas, como uma convenção vigente e normalmente aceita, é dentro dessas duas horas que ele vai ter de organizar seu material, expor seu assunto, contar sua história. O público irá ao teatro, permanecerá ali por aproximadamente duas horas e sairá satisfeito ou não.

Mas é muito diferente, como sabemos, com os espectadores de uma série de TV. Para começar, não estamos falando mais do unitário nem do episódio de seriado. Nesses casos, como já dissemos, o dramaturgo e o espectador comportam-se quase como se fossem autor e público de um filme.

Mas na série não acontece assim; espera-se uma história longa, contada em muitos capítulos – *menos*, no caso da minissérie, *mais*, no caso da telenovela. A expectativa, a necessidade social é esta: a comunidade (e estamos falando, agora, da América Latina) espera, durante meses – no caso da novela – ver na TV, todas (ou quase todas) as noites, um espetáculo fracionado, depois do trabalho ou do que quer que seja que tenha ocupado o seu dia. Antes pensada para o entretenimento da mulher, conforme se concluiu em alguns dos melhores trabalhos que já se fizeram a respeito, a telenovela é, hoje, pelo menos em grande parte da América Latina, um divertimento, admitido ou não, para ambos os sexos.

Portanto, é função do dramaturgo, já que se espera dele a criação de uma história de longa duração, distribuir seu material de modo que ele seja suficiente para todo tempo de duração da telenovela. A racionalização (quase o *racionamento*) do material é uma das tarefas básicas do autor de novela.

Na minissérie, não há grandes problemas. Nesse caso, o autor comporta-se como quem escreve um longo romance de ação – não valem os romances psicológicos, subjetivos – e trata de reservar um *movimento* da ação, pelo menos, para cada capítulo. Assim, em dez, vinte capítulos, é como se condensasse as duzentas, trezentas páginas de um romance, utilizando-se, como é natural, dos recursos dialógicos do drama e da imagem do cinema e da TV. Dessa forma, e dessa mescla, o autor obterá as seiscentas páginas, mais ou menos, no caso dos vinte capítulos, por exemplo, da telessérie.

Na telenovela, no entanto, o caso é mais complicado. Temos, em primeiro lugar, o problema da *implantação*, que é decorrência, como já se disse, das suas dimensões e do caráter emocional, de empatia, da relação que se estabelece entre personagens (e atores), de um lado, e o público, de outro. Quando a telenovela é aceita e aprovada, *adere* ao imaginário do público, e passa a fazer parte da vida do espectador – e estamos falando dos casos mais felizes –, então será difícil romper uma relação e implantar outra. Em suma, é difícil fazer o público esquecer uma telenovela e substituí-la por outra. Para isso, a produção global de um *culebrón* pressupõe uma técnica especial de implantação, um primeiro capítulo cheio de impacto, um início de história rico em conteúdo, ação e movimentação. Em consequência, cabe ao autor fornecer ao público quantidades consideráveis de assunto, dar-lhe as coordenadas da história, fazer caminhar o enredo de forma ponderável, *sem economizar* de modo algum emoção e tensão nessa parte da novela.

Qualquer espectador habitual sabe que os primeiros vinte capítulos são sempre – ou devem ser – atraentes e emocionantes, e que, depois, o nível de tensão tende a cair. Cairá abruptamente ou não, dependendo da qualidade da história, da qualidade do dramaturgo e até do elenco. Mas dificilmente será possível manter, por muito tempo, o ritmo da fase de im plantação.

Existem, na telenovela, fases fluentes, fases críticas, fases de repetição, fases de desespero – no que diz respeito à distribuição de material e de sustentação do equilíbrio por parte do dramaturgo; cada autor tem sua versão desse processo. Há os que sustentam com facilidade os primeiros cinquenta capítulos – é claro que estamos falando também das equipes de autores; depois dos primeiros cinquenta capítulos, ou seja, da primeira terça parte da história, há uma fase de esgotamento, segundo alguns, e a produção entra num período em que ou se repete, ou caminha em círculos, ou, finalmente, algo de novo é introduzido na história.

Dividida em três terços, partida ao meio, ou em quatro partes, a verdade é que a telenovela exige *equilíbrio* na exposição de material. A certas mudanças devem suceder outras; certas variações de personagens e de ação devem substituir as iniciais; novas histórias e tramas devem ser introduzidas a fim de que o longo *culebrón* não sofra quebras visíveis.

Não se trata aqui, como na peça de teatro, de fazer a exposição, a complicação, a solução; não é o caso de colocar o conflito, desenvolvê-lo, fazê-lo eclodir e resolvê-lo. Várias histórias e vários conflitos são criados, desenvolvidos, solucionados; outros irão substituí-los e tudo recomeçará. Naturalmente, a história central, a coluna vertebral da telenovela, o que concretizamos na figura do tronco da árvore, é una e se mantém do começo ao fim. Mas as histórias enrolam-se nesse tronco, surgindo dele ramos de todo tipo e dimensão, que configurarão a árvore em seu desenho completo.

Por força de sua natureza de criadora (e dependente) do suspense, a telenovela padece do defeito de só poder ser resolvida, e meio de chofre, no último capítulo. Paciência. Pelo menos no que tange à grande história principal, não há outra forma de atender às necessidades do gênero e às expectativas do público.

Espera-se sempre, em cada exemplar do gênero telenovelístico, que os protagonistas estejam presentes em todos os capítulos; estamos falando das cinco, seis personagens principais, sustentáculo da história central, construídas por outros tantos atores que já são ídolos, chamarizes de audiência, líderes do elenco. Portanto, cabe ao autor providenciar para que, de alguma forma, a história central apareça no capítulo. É, aliás, lógico que, na qualidade de *coluna principal* de toda a construção, essa história não seja esquecida pelo público.

Mas pode acontecer, na *vida real* da telenovela (se assim se pode dizer), que um ator, ou atriz principal, se veja impedido de aparecer em todos os capítulos ou, até que, a certa altura da produção, ele efetivamente peça para ser poupado. O autor poderá atender-lhe o pedido, mas sem esquecer que o público se sentirá frustrado em suas expectativas.

Assim, a história central, a trama principal da obra, deverá ser planejada de tal forma que durante os 150 ou mais capítulos se possa aduzir algo à sua construção e, de preferência, algo de efetivamente novo, um fato inédito, um passo adiante na ação dramática, como já foi dito.

Mas, como vimos, uma novela se faz com muitas subtramas. Claro está que nem todas elas têm a mesma importância; elas são propostas, já, com certa espécie de gradação, de hierarquia, decorrente quer da substância e do teor da própria história, quer da qualidade das personagens e atores intérpretes. Isso posto, verifica-se também um tipo de frequência das subtramas no tecido geral da novela que obedece à mencionada hierarquia.

Tomemos como exemplo uma telenovela que foi ao ar pela TV Globo: *Pedra Sobre Pedra*, de Aguinaldo Silva (e equipe).

A história principal fala de um passado que envolve as personagens Murilo Pontes (Lima Duarte) e Pilar Batista (Renata Sorrah). Esse amor não foi bem-sucedido, ambos se casaram com outras pessoas, supondo-se, no entanto, que o amor entre eles perdure, agora com aparência de ódio. Seus filhos, Leonardo Pontes e Marina Batista, se conhecem, apaixonam-se, antes de saber que são filhos de famílias inimigas e rivais (admitidamente uma retomada do tema de Romeu e Julieta*).* A trama principal, portanto, envolve os dois ex-amantes e seus filhos, atuais enamorados, aparentemente inimigos. São quatro personagens, conduzidas por quatro atores conhecidos e admirados, os mais jovens, naturalmente, em fase de afirmação.

Ora, é essa história, a central, que deve aparecer em todos os capítulos, seja representada pelo par mais velho, seja pelo par mais jovem, seja por pais e filhos relacionando-se ou, melhor ainda, envolvendo todo o quarteto. Porém, Murilo Pontes é casado com Hilda, que o ama e não é correspondida, uma vez que seu marido ainda está apaixonado por Pilar; e esta tem um apaixonado a quem ela não ama, o farmacêutico Diamantino, por sua vez casado com Ursula, sobrinha de Murilo Pontes.

Temos aí, portanto, a subtrama de Hilda Pontes, casada e mal-amada; a de Diamantino, apaixonado e desprezado, cuja mulher, de quem se separou, se envolve com um forasteiro que chega à cidadezinha, Jorge Tadeu. Quarta subtrama, em consequência, a de Ursula e Jorge Tadeu.

Mas Jorge, o fotógrafo, que namora todas as mulheres casadas do lugar, é, na verdade, assessor de Pilar Batista.

Desse modo, a subtrama de Jorge Tadeu envolve as mulheres casadas do lugar (as quais têm seus problemas conjugais específicos e suas idiossincrasias) e também o trabalho secreto que ele foi executar para Pilar Batista.

Existem ainda na cidade o cabaré-bordel, com suas tramas específicas; a farmácia de Diamantino; o gabinete dentário do prefeito, cuja mulher está envolvida com Jorge Tadeu; a mercearia de um indivíduo que, nas noites de lua cheia, transforma-se em lobisomem; a delegacia de polícia com um delegado passivo e sua mulher, a verdadeira autoridade local.

Sabendo-se que em cada um desses *sets* há três, quatro, várias personagens envolvidas, e que todos os cenários, habilmente centralizados na imaginária cidadezinha de Resplendor, se inter-relacionam, pode-se imaginar o teor do "enovelamento" que se terá ao longo da história. Enovelamento, é claro, desejado e buscado, com suas vinte e tantas subtramas para explorar.

O que será mais importante e atraente? Mostrar o acampamento dos ciganos e as relações entre a sua rainha e o irmão de Pilar? Ou explorar a comicidade da delegada Francisquinha? Ou ainda o ambiente excêntrico, festivo, do cabaré? Depende. O autor fixará, de início, suas preferências, mas serão o acolhimento do público, a concretude, a prática que irão mostrar as subtramas que melhor se realizaram, que deram certo.

A frequência, portanto, da aparição da subtrama e das personagens que a compõem está na razão direta da importância da história enquanto dramaturgia, mas também do sucesso de realização dessa subunidade. Já houve casos de subtramas que nasceram pequenas, pensadas para um desenvolvimento muito relativo, e que cresceram por força de um bem-sucedido conjunto de história e interpretações. As tramas secundárias aparecerão no corpo do capítulo com a frequência e obrigatoriedade que sua grandeza exigir: cabaré, diariamente; acampamento de ciganos, dia sim, dia não; farmácia, duas vezes por semana;

lobisomem, de quinze em quinze dias etc. Naturalmente, uma vez lançada uma história que exige conclusão, um *set* poderá ser mantido assiduamente durante algum tempo e descansar depois.

A telenovela começa, pois, no alto; pode-se, aqui, identificar a macro com a microestrutura: durante vinte, trinta capítulos, é de se esperar que essa tensão seja mantida, como se mantém a tensão inicial de um capítulo. Depois, é normal que ela entre num período de calma, e que, lá pelo capítulo cinquenta, apresente outra subida. Essa ondulação, que não é obrigatória, mas apenas uma proposta de visão estrutural, varia de autor para autor, de época para época, e até de emissora para emissora.

Tal como ocorre no capítulo, a telenovela deve subir o nível de tensão e expectativa novamente no final; os melhores exemplares proporcionam ao público bastante material, não apenas no último capítulo, mas no encerramento como um todo. No entanto, como já dissemos, último capítulo é último capítulo e tem suas próprias leis.

Em suma, a telenovela em sua unidade deve ter solidez suficiente para suportar o peso da ficção necessária a uma longa proposta de entretenimento; ela varia ao longo de seus capítulos e em cada um deles; terá necessariamente momentos e fases de aceleração, momentos e fases de *raleamento*. O material da telenovela, o enredo que forma seu conteúdo, deve ser dosado para ser distribuído ao longo de toda a duração; assim, também, deve acontecer com as várias histórias que formam a sua grande trama central, feita de muita fabulação, de muito assunto. Sabiamente dosada e distribuída, a matéria, da qual são portadoras as personagens, por assim dizer, será bastante para a consecução final do objetivo: interessar a audiência por toda a duração da telenovela.

7. GANCHO E EXPECTATIVA

A finalidade do gancho, esse truque tão disseminado, que nenhum telenoveleiro pode ignorar, é sempre criar expectativa. Trata-se de inventar um meio, mais ou menos nobre, de fazer com que o espectador volte a procurar o capítulo do dia seguinte – como, outrora, a dona de casa ia em busca da sequência do folhetim, no jornal ou no fascículo.

Ora, isso se consegue quando, nos derradeiros momentos de um capítulo (visto ou lido), deixou-se estabelecida a promessa de uma revelação, o fim de uma dúvida, a resolução de um dilema; enfim, a novidade. No início da parte seguinte, será revelado o autor de um feito, conhecida a explicação de um fato, estabelecida uma reconciliação ou concretizada uma separação.

O que é, de fato, *a novidade*? É o desconhecido que se revela, mas um desconhecido que adianta, que modifica, que caminha. Pouco importa, por exemplo, saber que o filho esperado por uma personagem de terceiro escalão é menina, e não um menino, como ela desejava. Esse detalhe não muda o curso da história, seja ela a principal, seja uma das tramas secundárias, pelo menos em tese, nem a maneira como os fatos estão sendo apresentados. Trata-se de um detalhe a ser acrescentado à urdidura total, mas sem importância suficiente para criar expectativa.

Já se disse até aqui que o bom gancho deve ser relativo aos protagonistas, ou pelo menos às personagens secundárias que tenham razoável importância. Destarte, o gancho faz caminhar histórias que interessarem ao telespectador. Trazendo novidades, o gancho implica dinamismo: detalhes novos vão sendo acrescentados ao enredo, que cresce, interessa cada vez mais, atrai e prende.

O gancho supõe, muitas vezes, uma pergunta em que se coloca a questão e a resposta fica para o dia seguinte. Essa resposta pode significar a revelação de algo desconhecido do interlocutor, do público ou de ambos. O conhecimento que decorre da resposta modifica a matéria da ficção; como conhecimento, é novo e, como tal, é interessante.

Qual é, de fato, a natureza do diálogo que se estabelece quando ocorrem uma pergunta e uma resposta? Creio não estar enganada se disser que aí também acontece um conflito. Quem pergunta quer saber e não sabe. Quem vai dar a resposta é dono do saber de um conteúdo e não quer revelá-lo, ou hesita ou demora em fazê-lo. A duração do diálogo é a duração do conflito – supondo-se que à pergunta sucederá uma resposta que seja efetiva, não mera dilação. Portanto, instala-se aí um conflito entre quem pergunta e quem é perguntado; a resposta indicará a saída do conflito e a colocação de uma nova tese. O esquema do movimento está colocado.

Mas pergunta e resposta não são o único esquema do gancho; existem outros modos de concretização dessa técnica. Um dos mais comuns é a mera revelação: alguém bateu à porta e o protagonista vai abrir. O que será? Uma carta, um telegrama, uma notícia? Qual é o conteúdo dessas mensagens?

Na verdade, esse outro modo é e não é diferente; trata-se de uma pergunta que o espectador faz à ficção e que a ficção lhe responde. O público não conhece o conteúdo da notícia, a identidade do visitante, as palavras do interlocutor ao telefone. Cabe ao produtor da ficção dar a resposta. Trata-se, novamente, de um conflito entre quem sabe e quem não sabe, de uma pergunta e de uma resposta.

Outro exemplo: algo aconteceu ao protagonista! Envolvido num diálogo emotivo, ele, já velho e meio adoentado, sofre um mal-estar, que pode significar um simples desmaio ou um ataque fatal. Nesse ponto, o capítulo se interrompe. Pergunta: qual é a gravidade da doença, quais serão as consequências para a vida do protagonista, para os que se relacionam com ele e para a história como um todo? É claro que nenhum dos interlocutores *na cena* conhece o destino da personagem principal, ninguém pode adiantar o que vai acontecer. As personagens não sabem mais que o público, mas o autor *sabe*! Portanto, *o próximo capítulo sabe*! E o público sabe que, tão certo como o Sol, nascerá amanhã um novo capítulo, ciente e revelador. Ele, público, deseja saber o que aconteceu. Ela, a novela, não revelará nada *hoje*. Mas o fará, com certeza, *amanhã*.

O amanhã é o que interessa ao espectador, e é o que interessa aos produtores da novela. É preciso que a audiência acredite no amanhã (pelo menos no amanhã da novela), e volte a ligar o seu receptor. É para isso que se cria o gancho, é para isso que se criaram todas as velhíssimas técnicas de despertar suspense, expectativa.

Talvez por isso seja possível esquematizar o teor do gancho, se a questão for colocada em termos de ignorância e conhecimento. Alguém (a personagem ou o público) conhece uma verdade – sabemos que, às vezes, o público sabe de algo que a personagem em questão ignora, o que dá ao público uma agradável sensação de superioridade; alguém (a personagem, o público, ou ambos) ignora essa verdade. Trata-se de saber que verdade é essa, e *quando* e *como* todos passarão a conhecer o que antes só alguém sabia.

Naturalmente, como já dissemos, a efetividade desse conhecimento – em outros termos, a boa-fé de quem organiza esse jogo entre a ignorância e o conhecimento – é fundamental para o sucesso do gancho. Criar conflitos verdadeiros, uma ignorância real a que corresponda um conhecimento superveniente também real, é condição para o êxito da tensão que se cria e que é o objetivo do recurso.

Uma telenovela sem ganchos pode muito bem existir e, de fato, tem existido. Mas o uso do recurso é facultativo e seus resultados têm-se revelado positivos. Nada é proibido e nada é obrigatório, tanto em telenovela, como na arte...

8. PUBLICIDADE E *MERCHANDISING* NA TELENOVELA

Provavelmente, desde seus primórdios, a telenovela comporta a necessidade de veiculação de mensagens promocionais, de anúncios, de comerciais, de publicidade, enfim. Isso ocorre, é claro, porque os custos de produção de uma telenovela, bem como eram os da radionovela, têm de ser cobertos por entidades públicas ou privadas que tenham interesse na veiculação desse produto, seja por razões culturais, seja para mero divertimento do público, seja simplesmente para vender alguma coisa.

Para assistir à televisão não se paga entrada, como no cinema e no teatro. O aparelho de TV pressupõe um gasto financeiro que, depois de feito, parece garantir ao telespectador o direito de assistir gratuitamente a qualquer programa que as emissoras produzam.

Além da moderna televisão por assinatura e outras modalidades presentes e futuras do mundo capitalista, o espectador paga de novo, sempre (ou quase sempre), pelo seu direito de assistir, por exemplo, à telenovela. Isso ocorre porque, sendo a telenovela um acontecimento inserido no fluxo de uma emissora comercial, ela é precedida e interrompida por mensagens comerciais para vender todo tipo de produto: eletrodomésticos, produtos de beleza, carros, cigarros, detergentes etc.; e nesse "etc." inclui-se, por exemplo, no mundo capitalista, também a propaganda institucional em vários níveis e feita de várias maneiras.

Ora, não se pode imaginar que essas mensagens sejam gratuitas nem baratas; pelo contrário, elas custam muito caro, na medida em que encorajam o consumidor a comprar o produto anunciado. Estão, aliás, diretamente voltadas à média do público atingido pelo programa em que são veiculadas. Os preços da publicidade, por outro lado, não serão subtraídos do lucro do anunciante, seja ele uma empresa nacional, multinacional ou o próprio Estado. Alguém vai pagar por isso, e é evidente que o preço da publicidade acaba embutido no preço do produto vendido (ou acaba saindo do bolso do contribuinte). É óbvio que, se uma lavadora de roupas não tivesse de ser promovida pela publicidade, sairia mais barata para o consumidor. Da mesma forma ocorre, creio, com o serviço médico gratuito, ou a construção de casas populares.

Mas quem pode, de fato, pagar pelo seu programa de TV? Ou seja, quem tem condições de comprar os produtos anunciados nos intervalos da telenovela, de tal forma que o consumidor se integre no fluxo produtor-produto-consumidor? Aquelas mensagens comerciais são dirigidas a alguém que, no fim das contas, paga o espetáculo às pessoas que, teoricamente, não têm condições de comprar lavadoras, detergentes, produtos de beleza, cigarros e automóveis. O único produto vendido indiscriminadamente a toda a população, o único produto realmente democrático, é o candidato à eleição.

Diz Maria Rita Kehl, em ensaio publicado na obra *Um País no Ar*, de Alcir Henrique da Costa, que só um terço da população brasileira se integra, de fato, numa ordem capitalista dominante e tem condições de participar da distribuição e compra de bens; os outros dois terços se integram apenas ao imaginário.

Isso significa que, no caso do Brasil, a grande maioria apenas olha os comerciais e sonha com os produtos neles veiculados; sonha com a casa na praia, com o condomínio fechado e seguro (seguro até contra os tais dois terços da população), com o carro último tipo. Sonha e *não compra*. Logicamente, os produtores do espetáculo "TV" sabem muito bem disso; assim, embora dirigida teoricamente a todas as pessoas que veem televisão, a telenovela busca captar a simpatia, conseguir a preferência, a adesão imediata, *da parcela que compra*, e não necessariamente da outra. Esta vai a reboque, por via das dúvidas. Só indiretamente a totalidade da audiência interessa e é objeto de atenção especial. Tirem-se daí todas as ilações referentes à forma, ao conteúdo, aos problemas morais, políticos e de costumes que informam a telenovela – bem como todas as outras produções televisivas.

É perigoso e delicado dizer que a telenovela não quer, pelo menos preferencialmente, conseguir a adesão dos dois terços economicamente desfavorecidos. Isso parece mentiroso e contraditório, uma vez que, como se sabe, as pesquisas de audiência, que norteiam muitas das decisões e direções assumidas pela TV, são basicamente quantitativas, isto é, medem de fato o número de receptores ligados e de pessoas, quaisquer que sejam, que assistem aos programas.

No entanto, se por um lado não se qualifica essa audiência senão em ocasiões excepcionais (em geral, o que se tem é a porcentagem de televisores ligados), por outro é sabido que, neste momento, as grandes emissoras já estão bem alertadas para a qualidade do telespectador (qualidade medida pela capacidade de comprar, ou seja, o poder aquisitivo), dividindo-os em classes sociais (A, B, C, D), que determinam e direcionam o tipo de programa adequado a cada horário.

E mais: o telespectador que não é comprador *em ato* pode sê-lo *em potência* – pode vir a sê-lo porque está vivo, está ali. Pode não comprar ele próprio, mas outros, influenciados por ele, poderão fazê-lo. Enfim, consumir, de alguma maneira, ele consome. Mas certas perguntas ficam no ar, como, por exemplo: por que será que o Citybank não patrocina novela?

O *merchandising* é a publicidade implícita que se faz no interior da ficção, durante o decorrer da ação na telenovela. Criada no texto pelo próprio autor, essa publicidade é inserida no fluxo narrativo, na corrente ficcional, e dela passa a fazer parte. Diferentemente da publicidade comum, que aparece desligada da ficção, é explícita e se assume como tal, o *merchandising* disfarça e tenta passar pelo que não é.

No entanto, o *merchandising* cumpre, afinal, o mesmo papel: funciona como promotor de vendas. Inserem-se no corpo de uma telenovela cenas que mostram bancos, tratores, marcas de bebida, automóveis, lojas, grifes etc., cenas em que as personagens agem e se comportam como tal, de forma coerente com seus antecedentes.

Como afirmam os estudiosos do assunto, o *merchandising* envolve, digamos logo, um perigo especial: em virtude de estar inserido na ficção, na história da novela, ele pode funcionar, para o telespectador desavisado, como alguma coisa que se introduz subliminar e violentamente na sua percepção, apoderando-se dela de forma invasiva. Os carros possíveis passam a ser de uma marca e não de outra; a figura de um tipo de trator é associada à produtividade excepcional de uma fazenda de laranjas; a cerveja x é boa, o banco y é o melhor, uma vez que o herói da história serve-se deles.

Seria possível argumentar que o telespectador desavisado não compra tratores; isso não é bem verdade. A fragilidade econômica pode ou não estar associada à fragilidade mental. Em todo caso, não é esse o ponto principal. Para nós, o principal é o *merchandising* de ideias; essa hipótese foi apontada em trabalhos recentes e preocupa a todos os que pensam no assunto.

O que queremos dizer é o seguinte (e aqui voltamos ao ponto já discutido anteriormente): suponhamos que uma telenovela de muito sucesso, de grande audiência, veicule os hábitos, os costumes, o modo de vida, por exemplo, de determinada fatia da população carioca – Rio de Janeiro, zona sul. Não se pode culpar o autor por fazê-lo, pois esse é o seu mundo. Por outro lado, é um mundo simpático, bonito, charmoso – com meninas atraentes, rapazes fortes e bronzeados, praias, iates, festas, jantares, dinheiro, enfim. Misturados a esse ambiente vêm os costumes próprios do grupo: leveza sexual, tolerância, promiscuidade, adultério, bebida, drogas (não estamos fazendo aqui o julgamento dessas características, apenas apontando-as). O autor pode até fazer o contraponto, valendo-se das subtramas: casas de baixa classe média, a graça peculiar do subúrbio, onde as pessoas são verdadeiramente felizes, sentadas no botequim, ao redor de uma cervejinha gelada (com o rótulo virado para a câmera!). Mas a verdade é que o telespectador comum aspira à vida da praia e da festa. O resto, geralmente, ele já tem.

Não seriam, então, *vendidos* ao público, num típico caso de *merchandising* ideológico, os valores da parte mais atraente da telenovela? Será que o marido fiel sente-se levado a mudar de conduta por via do exemplo simpático da personagem? A menina de família acreditará, realmente, que a sua saída na vida é casar-se com homem rico? Ou prostituir-se com classe?

O *merchandising*, na sua função de publicidade oculta, visa, como foi dito, a aumentar os lucros de alguém. No entanto, se for verdadeira essa tese, quem lucraria com a venda de ideias ou comportamentos veiculados numa telenovela? É uma boa pergunta. A resposta, é óbvio, demandaria outro tipo de investigação que certamente não cabe aqui.

Numa telenovela, como em qualquer outra produção feita para o público, se o autor tem uma tese, ou qualquer coisa que se pareça com uma, ele deseja naturalmente convencer o espectador de suas razões. Da mesma forma, a telenovela e seus produtores/patrocinadores têm sua visão de mundo, na qual está incluso o lucro. Conhecer essa verdade, tomar consciência dela, pode ajudar-nos – e ajudar a ajudarmos outras pessoas – a receber com cautela o *merchandising* assumido e o *merchandising* ideológico. Só o conhecimento pode nos defender.

Os dois itens mencionados – a publicidade *tout court* e o *merchandising* – podem determinar, e de fato determinam, a qualidade da dramaturgia em TV, nos seus aspectos formais e de conteúdo (e ambos estão, é claro, intimamente ligados).

Um conhecido autor de telenovela teve de mudar, há alguns anos, o nome e o ramo de trabalho de uma poderosa multinacional de leite que ele pretendia, corajosamente, denunciar por seus procedimentos econômicos. Acontece que tal empresa era uma das anunciantes mais fortes do horário, e seus comerciais seriam inseridos exatamente nos intervalos da novela. Tratava-se, enfim, de um forte patrocinador. A multinacional do leite virou produtora de máquinas e produtos químicos, e tudo acabou bem.

É óbvio, outrossim, que a criação de cenas para utilização em *merchandising* cria uma subdramaturgia específica, especializada em sequências de tratores, bicicletas, cervejas e refrigerantes. Por outro lado, surgem ocupações secundárias e laterais para certas personagens: donos de confecções infantis, restaurantes típicos, perfumarias de luxo. Qualquer espectador de hoje em dia já sabe que o comercial vem vindo, e que logo, logo, o nome da loja, do perfume ou do restaurante estará brilhando em luminosos, dentro e fora da novela.

Ora, se o autor é praticamente forçado a criar esse tipo de cena e ambientação, é natural que o teor da sua dramaturgia seja afetado. Para que servem as personagens pobres, marginais, desenquadradas, nessa espécie de mundo? Já se sabe que a novela de época, além de cara, na medida em que demanda ambientação especial, não é atraente porque não pode veicular *merchandising* de um modo geral. Se uma personagem tem sua vida e sua trajetória alteradas por um interesse extraficção, onde vai parar sua estrutura, sua evolução, sua coerência?

A telenovela é, basicamente, o campo mais atraente para o *merchandising* e também o programa de maior audiência para a publicidade. A par de todos os outros elementos estranhos ao mundo ficcional, os que afetam o autor, os que afetam a emissora, os que afetam o ator – e, claro, os que afetam o mundo –, a publicidade, em todas as suas formas, determina e modifica o curso da telenovela. Como, de resto, faz com a nossa vida.

9. O TEMPO NA TV

Existem muitas formas de tratar o tempo ficcional nas obras de caráter dramático, épico-dramático ou ainda naquelas que envolvem o lírico e sua atemporalidade. Uma vez posto que estamos no terreno da ficção, do faz de conta, bastará que deem ao público as coordenadas e ele, já acostumado às diversas possibilidades, se acomodará às regras propostas.

Assim, há peças de teatro em que o tempo ficcional é exatamente igual ao tempo real: em duas horas de espetáculo, passam-se duas horas de história – tudo acontece entre oito e dez horas da noite, e o tempo de ficção corre junto com o relógio do espectador.

Mas no teatro, na maioria das vezes, não é assim. Numa tragédia grega como *Édipo*, por exemplo, embora não se fale explicitamente na duração e tudo seja apresentado como se ocorresse em sequência, sem hiatos, percebe-se que, para que tudo aquilo pudesse ocorrer de modo realista, seriam necessários vários dias de duração real. O que acontece é que, dada a maneira de apresentação e a concentração dos fatos, contrabalançados pela fluidez e atemporalidade da poesia, da qual a obra é penetrada, o tempo não tem definição nem é limitado de uma forma exata. E isso não faz falta à obra.

O mesmo ocorre, por exemplo, em uma peça como *Peer Gynt*, de H. Ibsen: a história se desenvolve ao longo de décadas, contando boa parte da vida do protagonista; seria impossível seguir essa vida em sua continuidade, sem omitir trechos longos que não interessam ao dramaturgo. Há saltos no tempo, indicados pelos acontecimentos, pelas características das personagens e pelas rubricas, e o espectador segue essas passagens sem grandes problemas teóricos.

Ora, são diferentes as formas de tratar o tempo na ficção televisiva. Naturalmente, para chegar a uma conclusão, deve-se novamente fazer uma distinção entre as espécies: o unitário, a minissérie, o seriado e a telenovela.

No unitário, as questões de tempo devem ser resolvidas como no teatro ou no cinema; mas isso não quer dizer nada. Especificando, nada impede que em um unitário de TV, realizado em estúdio, em interiores, com uma técnica quase teatral, o tempo decorrido na ficção seja equivalente ao tempo real, como em certas peças de teatro. São os casos em que a divisão em cenas é mais rara e menos picotada. Naturalmente, nesses casos, o jogo temporal é mais difícil e mais delicada é a sua realização, que tende a ser mais realista.

Em casos de unitários com técnica cinematográfica – até onde isso é possível, pois o suporte é outro –, hoje os mais frequentes, tem-se as elipses que o cinema possibilita. Grava-se o que é exigido pela ação, pelos meandros da história, fazem-se os saltos necessários e a audiência supõe a passagem de tempo, simplesmente pela alternância de cenários ou pelos próprios intervalos do programa.

O episódio de seriado, como se sabe, é muito semelhante ao unitário também nesse detalhe. Deve-se supor, além dos saltos já indicados em interior de capítulo, também os saltos de tempo entre os episódios do seriado.

Essas lacunas são muito curiosas porque, ao mesmo tempo, supõem e não supõem a passagem do tempo real que atinge as personagens. Explicando: suponhamos um seriado, cuja exibição se prolongue por vários anos – e sabemos que isso existe. O público pode, naturalmente, imaginar que, por exemplo, a personagem da protagonista envelheceu dois ou três anos, durante o período de exibição do programa, que a vida passou por ela modificando-a e que ocorreram arrefecimentos no amor, no ciúme, na paixão pela vida. Mas, dado que toda personagem é também um ser eterno, imutável, infinito – Dom Quixote, por exemplo, não morre nunca no nosso imaginário –, o público não pode esperar que os autores levem em conta o tempo entre um e outro episódio. A realização do seriado pode ter sido feita de uma só vez, em curto espaço de tempo; e mais: um episódio escrito antes pode ser exibido depois, como já dissemos. A cronologia se perde e, assim, perde-se também o suporte de tempo real do espectador.

Na minissérie ou na telenovela, programas mostrados em sequência quase diária, os problemas de tempo são resolvidos, via de regra, *no interior* de cada capítulo. É raro que se façam passagens de tempo de um capítulo a outro, devido, novamente, à técnica de criação de suspense, ao gancho.

De fato, se fizermos com que um capítulo termine no momento crucial de uma cena, momento em que se criou a já comentada relação dialética entre A e B, entre o conhecido e o desconhecido, é normal que o capítulo seguinte desenvolva e resolva essa mesma cena, satisfazendo a expectativa, deslindando o mistério e *não* dando um salto no tempo, ignorando o problema criado.

As passagens de tempo, portanto, nas telesséries maiores e menores, se dão no interior do capítulo. Se forem apenas de minutos ou de hora, nem sequer são indicadas. Emergem da ação, do fluxo dos acontecimentos e assim são recebidas. A vida de um dia inteiro da cidadezinha começa pela manhã, com o canto do galo; vê-se uma personagem que atravessa a praça, outra que entra no trabalho, e a cena seguinte já nos mostra o café da manhã na casa do protagonista. A terceira será sobre um acontecimento na igreja ou no hotel, e, no final do bloco, vê-se que já é hora do almoço: quinze minutos de cenas picotadas e quatro horas de tempo da história, da ficção.

No entanto, em geral, indicam-se com mais clareza as passagens de um dia para o outro; nas produções de caráter rural, em fazendas ou cidadezinhas, é fácil começar um grupo de cenas com galos cantando, sol nascendo, vida recomeçando. Nas telenovelas que se desenvolvem em grandes cidades, as imagens são diversas, mas igualmente características: o autor pode lançar mão de verdadeiras vinhetas que mostram a praia ao amanhecer, os trens repletos de gente que vai para o trabalho, o movimento das ruas, as lojas abrindo – e essas cenas podem até se repetir ao longo da exibição e tornar-se uma de suas características.

Um procedimento curioso se estabeleceu, entretanto, em certas produções de ficção para TV, procedimento que merece observação. Vejamos se podemos descrevê-lo.

Imaginemos uma cena entre dois interlocutores que enseja diálogo:

LUÍSA – Não posso te falar mais sobre isso, irmão.
SÉRGIO – Por quê?
LUÍSA – Porque é perigoso. Quanto menos você souber, melhor.
SÉRGIO – Me diga ao menos o nome.
LUÍSA – Não!
SÉRGIO – O nome, só! Não vou fazer nada! Juro!
LUÍSA – Não posso!
Ouve-se o telefone tocar e Luísa vai atender.

A cena é cortada; vem em seguida uma cena de mais ou menos três minutos, em outro *set*, com outras personagens. Corta-se novamente para o cenário de Luísa e Sérgio. Luísa está atendendo o telefone e dizendo pela primeira vez: "Alô?"

Prossegue daí um diálogo normal; mas, nesse caso, o espectador teria o direito de perguntar: "Ué, mas o que aconteceu durante os três minutos da cena anterior? Os dois irmãos ficaram parados, imóveis, não fizeram nada?"

É o que parece; de fato, a hipótese mencionada não é a mais comum na nossa dramaturgia televisiva. Geralmente, os autores providenciam uma ação imaginária para cobrir o tempo que intermedia uma cena e outra. Mas há casos em que o autor não quer ter esse trabalho, ou talvez se julgue no direito de não fazê-lo, inaugurando um tratamento de tempo no mínimo curioso e inédito.

10. A PERSONAGEM NA TV

Nosso objeto de estudo, a televisão, já tem agora muitos anos de vida. O mesmo acontece com as histórias de ficção que, usando-a como veículo, são levadas ao ar: já se passaram muitos anos dos primeiros teleteatros ao vivo, em preto e branco, adaptações de teatro, rádio e cinema. Já estamos amadurecidos o bastante para saber que se alguém se interessa por nosso nome como autor de um *script*, não será, certamente, o grande público telespectador. Esse público também não se importará muito com o nome ou a cara do câmera, com a identidade do diretor ou as características do editor do programa.

O grande público está interessado no *ator*, que é, para os mais desavisados, intérprete e autor do que está sendo dito. A personagem se confunde com o intérprete; a personagem cobra sua vida e realidade por meio da personalidade do intérprete – e vice-versa. Muitas vezes, o ator é cobrado pelas atitudes malévolas ou antipáticas de sua personagem.

Um bom ator salva uma má personagem e, da mesma forma, um mau ator enterra uma boa personagem; a má escalação de um elenco pode pôr a perder um bom trabalho; o erro na escolha do par romântico pode esvaziar o romantismo da melhor história. Até *A Dama das Camélias* feita pela TV pode fracassar, se o casal escolhido simplesmente não apresentar empatia interna – entre si – e externa – com o público.

É claro que isso também pode ocorrer no teatro e no cinema; e realmente ocorre, porém com muito menos intensidade, porque o valor do espetáculo, aliado ao valor-palavra, no teatro, e ao valor-imagem, no cinema, contrabalançam o império dos atores.

Mas, pelo menos nesse momento da história, quando se lança o olhar sobre a televisão brasileira, que é, afinal, a que mais conhecemos, o império do ator continua inabalável, seja para o bem seja para o mal. Os grandes ídolos da televisão são intérpretes de ficção, bem mais que os cantores, os locutores, os *showmen*.

A personagem da teleficção nos parece hoje, e cada vez mais, aquele ser fictício criado para representar histórias, que nasce no papel (ou no computador) e do qual o ator se apodera para levá-lo até o público. Isso, é claro, acontece com qualquer personagem, com qualquer criatura de ficção nas artes cênicas; no entanto, em se tratando de ficção televisiva, a ingerência do ator e do seu carisma parece cada vez maior e mais poderosa, até o ponto de se fundir e se confundir com a personagem.

Experimente-se substituir numa telenovela, por exemplo, um ator que se afasta por razões imperiosas. Insensivelmente, começamos a escrever para o ator substituto e a personagem começa a se modificar; no final teremos outra personagem muito diferente da que tinha sido criada pelo ator original. É de se notar, aliás, que a hipótese acima apontada é muito rara; quando se verifica a impossibilidade de o ator original prosseguir na sua criação da personagem, em geral dá-se um jeito de sumir com esta última, que ficou marcada pela interpretação original.

Vamos por partes: em primeiro lugar, já sabemos o que é a personagem. A personagem é um ser de ficção, humano ou antropomorfo, criado por um autor e *filtrado* por ele. A personagem é a imagem de um ser, ou vários seres, que passa pelo crivo de um criador. A personagem Renata, por exemplo, se eu a crio, será uma Renata filtrada por Renata, vista e reconstruída.

Sabemos que o autor cria a personagem, seja no teatro, no cinema ou na televisão, para cumprir um determinado papel, desempenhar uma função, exercitar sua vontade, sua liberdade, seu destino. A partir daí, ela diz e faz coisas coerentes com essas premissas: se veio ao mundo para tomar o trono da Inglaterra, mata seus adversários; se deseja limpar a sociedade de seus males ocultos, revela, contra seus próprios interesses, a verdade; se foi criada para amar, ela morre por amor, e assim por diante.

Também pode ser que a personagem tenha sido criada exatamente para demonstrar que o ser humano não sabe o que faz, que é impotente, que determinada classe social, em certa altura da vida dos povos, está abúlica, amorfa, desanimada; ou que as pessoas não se comunicam, e que a comunicação entre elas é impossível.

Existe, enfim, um número enorme de objetivos que podem interessar ao autor, ao criador de histórias e de personagens. De qualquer modo, sabendo-se que, cada vez mais, um roteiro (seja para teatro, cinema, televisão, circo, balé ou história em quadrinhos) fica diminuído se não for levado ao público, sabendo-se que um texto dramático é feito para chegar ao ator, eis que, finalmente, agora ele chega às suas mãos!

Com essa introdução queremos dizer, novamente, que na televisão o caminho percorrido pela personagem, desde a sua realização até a interpretação do ator, é longo, complicado e cheio de modificações.

Em primeiro lugar, nem sempre é o autor quem escolhe o ator; essa não é a função do dramaturgo – existem pessoas habilitadas para fazer esse trabalho. Enfim, o ator escolhido pode ou não aceitar o papel. Por quê? As razões são várias.

Ele pode não gostar do papel, julgá-lo mal construído, mal concebido, insuficiente como construção dramática. Mas pode também, dadas as características peculiares da personalidade do ator de TV, recusar a personagem por lhe parecer má (moralmente), antipática, negativa (psicologicamente), vilã, desagradável. Pode, enfim, rejeitar a personagem porque esse papel poderá, eventualmente, lançar sobre ele (ator) a sombra de sua vilania. O ator recusará a personagem porque é adúltera, ladra, assassina; a atriz rejeitará o papel porque é uma prostituta, homossexual, milionária cruel. Qualquer sombra contagiante, enfim, é recusada, rejeitada, naturalmente levando-se em conta as peculiaridades pessoais do artista que a rejeita.

E isso ocorre não por manias incompreensíveis do ator, por cismas neuróticas, por paranoia, ocorre porque, realmente, o público passa a não aceitar o ator que faz papéis negativos (pelo menos enquanto durar o papel) – pode agredi-lo, culpá-lo, julgá-lo, estabelecendo, ele próprio, por razões de ordem psicológica e social que não interessam aqui, vínculos indissolúveis entre ator e personagem. E não é só o público que faz isso, mas as empresas de propaganda *também*, e o ator também vive de fazer publicidade! Ator que esteja fazendo o papel de corrupto, por exemplo, não cai bem em propaganda do Banco do Brasil. Atriz de meia-idade que faz a milionária cruel não pode fazer propaganda de fraldas, e assim por diante. Aqui, são as próprias empresas de publicidade, muito espertas, por sinal, que assumem a identificação feita pelos desavisados, os quais podem, irrefletidamente, deixar de comprar um produto veiculado pelo ator errado.

Esse fenômeno já bastante estudado em outras obras sobre o assunto determina, muitas vezes, a fixação final do elenco de um trabalho em televisão. Há atores mais fortes, com mais personalidade, ou com conhecimento melhor e mais profundo da psicologia do grande público, que não se importam com isso e escolhem suas personagens pelas virtudes dramatúrgicas que possam ter. Boa personagem, para esses atores, é aquela bem construída e interessante. Nesse ponto, aliás, concordam com Aristóteles.

Como poderá, contudo, o autor de TV sentir-se livre para criar vilões? Terá ele de criar, necessariamente, apenas bons moços e donzelas virtuosas? Ou terá de se conformar com o fato de que seus vilões serão interpretados por atores de menor nível?

É um assunto para ser considerado caso a caso; cada nova criação terá uma nova história. A verdade é que grandes vilões já foram feitos na TV por excelentes atores, naturalmente os mais inteligentes – e que não por outra razão são excelentes. Mas é certo ainda que a fusão-confusão entre ator e personagem (ou seja, a confusão do público entre ficção e realidade) continua sendo um problema. Como em qualquer criação dramática, o talento, a personalidade – e, na TV, a aparência física do ator – determinam a personagem. Conferem a ele, muitas vezes, condições de existência; a personagem existirá se o ator der a ela seu sangue, sua carne; caso contrário, não. Muitas personagens, nas ficções mais longas, nas telenovelas, foram sacrificadas ao longo do tempo de produção da história por incapacidade ou incompatibilidade entre personagem e ator.

A personagem nasce, pois, na sinopse, passa pelo exame do diretor, da equipe, do ator, e quando é aceita, composta, criada interiormente, vai ser mostrada a um público que, por definição, é grande, amplo, multiforme, distante, mediado, esfriado pela máquina, regularmente desatento, crítico, ávido.

Uma vez, um ator jovem, que tinha estudado interpretação ao meu lado, disse que perdeu seus primeiros dois ou três anos na televisão porque tinha vergonha de erguer a cabeça, literalmente. Apesar de interpretar bastante bem e ter-se tornado um ótimo ator de teatro, cinema e TV, representava com a cabeça baixa para a câmera, que acabava enfatizando apenas sua testa, os cabelos, os olhos, a parte superior do nariz. Quando percebeu isso, ele simplesmente passou a erguer a cabeça – e dobrou a eficiência do seu desempenho.

Um diretor dizia-me que uma grande atriz de TV sabia, de costas e de olhos fechados, qual era a câmera que a estava focalizando pelo *clic* da lâmpada que se acendia. Assim, podia voltar-se, natural e graciosamente, sempre para o lado certo.

Esses exemplos nos dão a medida de como a câmera, o som, os recursos próprios de TV determinam e modificam a criação da personagem. A personagem é aquilo que o dramaturgo criou no papel, mais os cenários que a circundam, as roupas que veste, o penteado criado para ela, as luzes que a iluminam, as cores pelas quais se optou, todos signos a serem lidos e decifrados pelo espectador.

Lembro-me de um unitário de televisão levado ao ar pela TV Globo e com texto meu: chamava-se, originalmente, *Sapicuá de Lazarento*. *Sapicuá*, para quem não sabe, era o cesto, a sacola, onde os leprosos do começo do século XX guardavam seus pertences, suas esmolas. O hábito, então, era estender o sapicuá (ou picuá) numa vara, para que o caridoso não precisasse tocar o doente.

Começou-se por mudar o título: a palavra *lazarento* pareceu forte, agressiva, desagradável demais; afastaria o público (diziam eles...). O programa passou a se chamar apenas *Sapicuá*, o que tirou um bocado de sentido, já que a expressão *sapicuá de lazarento*, como sabem os mais velhos, significa *coisa desprezível, sem valor*.

Foi feita a produção, depois a gravação; mais tarde, quando fui ver, notei que fora realizada toda em tons

Sapicuá, *unitário de Renata Pallottini para a* TV *Globo, de 1976, ressalta a importância do diretor Fabio Sabag no resultado final. Arquivo pessoal.*

de verde. Era um signo a mais, determinante e fundamental para o entendimento de um texto que não se passava na Amazônia nem nas profundezas das águas; era a história de um menino solitário, às voltas com a descoberta do sexo e da guerra – o tempo é o da Revolução Paulista de 1932. Tratava também de um anarquista perdido no interior de São Paulo, enfrentando o preconceito burguês que o aparentava aos leprosos. Se eu mesma tivesse de escolher uma cor para esse espetáculo, seria o vermelho. Mas não foi assim. O estilo dado à produção, que na origem tinha sido imaginada como um drama de costumes, com conotações de crítica social bastante realista, portanto, ganhou um estilo simbolista, impressionista, muito voltado para os detalhes visuais, plásticos, e pouco preocupado, digamos logo, com o conteúdo da história.

Naturalmente, as personagens sofreram as consequências dessa estilização e se modificaram em relação ao meu projeto; claro é que, para o autor, tudo o que modifica o projeto inicial de autoria parece mau. Não posso dizer se o resultado final do caso especial *Sapicuá* foi melhor ou pior que o próprio texto, pois me falta objetividade para isso. Mas, sem dúvida, as personagens, escritas e criadas por mim, eram outras, e não as que foram postas em cena (e também criadas) pela TV.

Aponto um fenômeno que não é exclusivo da televisão? Sem dúvida, sim; não obstante, creio que a intervenção dos realizadores na TV é quantitativamente maior e resulta maior, também, qualitativamente, por consequência.

Voltando à personagem, vê-se que ela é descrita, caracterizada e construída desde suas ações e falas, já constantes do texto, bem como o são as demais personagens que com ela contracenam – e que compõem uma constelação –, inclusive por meio dos recursos inerentes ao gênero televisivo: o enquadramento, o ângulo de tomada, a frequência de aparição, a cor escolhida para identificá-la, a música, o som que lhe é exclusivo (lembremos o som de chocalho de cobra que caracterizava o Sinhozinho Malta em *Roque Santeiro*, acompanhado do gesto criado pelo ator). No tocante ao som, é notório o uso de música característica de cada uma das personagens, ou par de personagens, em telenovela. Essa marca, proveniente do melodrama teatral, da ópera, mesmo, nos dá, mais uma vez, prova das origens do gênero. No melodrama, melodias identificam personagens e situações, e são retomadas sob várias formas, servindo como preparação e caracterização de acontecimentos e pessoas.

Naturalmente, utiliza-se também a letra da canção escolhida, às vezes redundante, mas sempre expressiva – quando não, óbvia. A música-tema, em telenovela, abre campo para outro tipo de promoção: a venda de discos em quantidades respeitáveis, com o conjunto dos temas da novela, tendo na capa a foto dos atores mais populares da produção.

O cenário ou o *set* de cada personagem, ou do grupo, é outra forma de mostrar as criaturas ficcionais em TV: casa pobre, apartamento médio, *mansão* – palavra que a novela ressuscitou –, praia, clube, piscina, chalé falsamente rústico entre lindos jardins, tudo serve para nos dar indicações mais próximas da personagem de que se está tratando, de sua família ou grupo social, do seu universo.

Tendo em vista que, como foi dito, a teleficção se vale muito de *closes* e do recurso de campo e contra-campo, conclui-se que o diálogo é peça fundamental na construção da personagem de TV. Disso se voltará a falar; por enquanto, deve ficar claro que dialogar, e dialogar bem, é obrigação do autor de televisão, como forma de contar sua história e, ao mesmo tempo, de construir sua personagem. Sempre se soube que ambas as funções caminham juntas: a personagem faz a ação, mas a ação realizada acabará por fazer a personagem.

Isso quer dizer que, como em qualquer outro gênero dramático ou parcialmente dramático, as personagens devem agir; devem agir de acordo com a função que lhes foi designada e dentro da situação escolhida; devem ter coerência, e a caracterização deve corresponder aos seus atos e palavras. Encontrarão, na sua trajetória, obstáculos a serem enfrentados e superados. Irão se relacionar com outras personagens, igualmente empenhadas em atingir seus objetivos. Esse conjunto de pessoas de ficção se moverá longa e lentamente, no caso da telenovela; por menos tempo e mais rápido, se for uma minissérie; resolvendo seus assuntos de uma vez por todas, no caso de um unitário; ou resolvendo um assunto de cada vez, se for um seriado. Porém, em todos os casos, eles resultarão, como criaturas que são do dramaturgo, da mesma técnica com três mil anos de idade, acrescida dos arranjos, truques e mistérios da novíssima televisão.

A televisão é o reino ideal da personagem-sujeito. Expliquemos: chamo de personagem-sujeito aquela que é, age, faz e diz coisas que lhe apraz dizer e fazer, como se tudo brotasse do seu interior, absolutamente livre, como se a fonte de suas ações e palavras fosse uma vontade totalmente independente de influxos externos, como se, enfim, ela fosse senhora de sua vida e atos, sua vontade tendo como correspondente a sua responsabilidade e nada mais. O filósofo alemão Hegel, em sua *Poética*, chama essa personagem de "o príncipe", o ser que, uma vez tendo escolhido o seu objetivo, simplesmente se lança avante para alcançá-lo, enfrentando, sim, os obstáculos com que depara, mas sem nunca se deter ante empecilhos menores, como a necessidade de sobreviver, a mulher e os filhos, ou o mau tempo. Assim é Antígone: uma vez resolvida a enterrar o irmão desprezado, abandona tudo o mais. Ela sabe do castigo que a ameaça, mas não tem fome, não tem cansaço, não tem medos. Se deplora a perda do casamento, apenas a deplora, e segue, depois, impávida.

A personagem absolutamente livre, a personagem-sujeito, é assim por suas características de personalidade ou, como se diria classicamente, por sua "alma". Antígone é fiel às leis da família, corajosa, rebelde às imposições de Creonte, cuja justiça ela não reconhece. No entanto, se em vez de uma princesa fosse uma escrava, teria podido fazer tudo o que fez? Seria *livre*?

A personagem-sujeito se opõe à personagem-objeto, determinada por algo exterior, seja a vontade divina, o destino ou os valores socioeconômicos.

Assim, como já se disse, a personagem-objeto em geral, a personagem brechtiana, por exemplo – pelo menos a de certa época de Brecht –, é resultado de suas condições de vida, pobreza, miséria, inferioridade social; ou de sua determinação, de qualquer modo. É o papa, o presidente de uma nação imperialista, o dono de um banco. O papa só pode agir como tal, pois está investido do poder de representante de Deus na Terra. O presidente de uma nação imperialista tem de ser imperialista, caso contrário seu ser contrariará a sua função social. O capitalista não precisa pedir esmolas, o banqueiro não rouba relógios na rua.

Não é preciso dizer que as duas posições aqui apresentadas são posições artificialmente *puras*, assim apresentadas, de propósito, para cumprir uma função didática. Só em condições estéticas de estilização total, e com um fim explícito, é que um autor pode propor uma personagem-sujeito total ou uma personagem-objeto total; isto é, ninguém é tão livre que possa fazer tudo o que quer e não seja determinado por nenhuma condição externa; e ninguém é tão determinado que deva fazer exatamente o que lhe manda a sua condição externa, sem optar livremente. Há muitas pessoas miseráveis, mas só algumas roubam para sobreviver; há muitos chefes imperialistas, mas nem todos ordenam a explosão da bomba atômica.

A personagem de TV tem sido, preferentemente, sujeito; age como se suas condições econômicas, por exemplo, fossem facilmente contornáveis: a mulher enganada e roubada pela própria filha, sozinha, contando apenas com a sua coragem e seu trabalho, vence na vida, enriquece e torna-se poderosa. É o mito do lenhador que se torna presidente dos Estados Unidos, da empregada que casa com o patrão e vira milionária. Impossível não é, mas bastante improvável.

Algumas exceções têm acontecido; a mais flagrante foi a criação da personagem Sassá Mutema, na novela *O Salvador da Pátria*, de Lauro César Muniz. Aí, claramente, o autor pretendeu criar um caráter que, como humilde boia-fria, era uma coisa e, quando ascende socialmente, é outra. Tratava-se do mesmo Sassá Mutema, porém, mudando-se a situação social da personagem, ele foi obrigado a agir de outra forma, mais coerente com o modelo proposto pela função de político a que ascendeu.

É verdade que, entre os recentes autores de TV, Gilberto Braga tem-se especializado em mostrar as peculiaridades dos poderosos e dos ricos da alta burguesia brasileira. Assim, seus protagonistas são eventualmente maus em consequência de sua postura frente ao poder econômico, do cinismo com que enfrentam os desníveis sociais da nação brasileira. Rico pode e deve poder tudo; pobre deve humilhar-se e manter-se humilde. Rico é bonito, elegante, sabe viver; pobre é feio, desprezível e menor, no mundo ficcional do autor Gilberto Braga (o que, é claro, não tem necessariamente a ver com as convicções do homem Gilberto Braga e, de toda forma, apresenta-se criticamente).

E isso leva a certa determinação, ou seja, a uma objetivação da personagem. Se a personagem é mau-caráter por ser rica, em consequência o pobre é bom e puro – existe mesmo a generalização.

Aqui aparece, na telenovela brasileira atual e crítica, curiosamente, um laivo de romantismo idealizador, misturado ao realismo do século passado; veem-se personagens honestas e decentes porque são pobres e conclui-se que o dinheiro conspurca e degrada, que o dinheiro serve, mas é sujo. No entanto, não é certo, afinal, que a teleficção tem sido predominantemente romântico-realista?

De qualquer modo, pelas exceções apontadas e outras que deixamos escapar, segue-se vendo mais personagens-sujeitos que qualquer outra coisa na televisão. O jovem que nasceu pobre e, atraído pelo encanto das boas roupas, furta um terno na casa em que trabalha é julgado pelas demais personagens como um mau rapaz, como alguém que cometeu um deslize e, agora, ajudado pela família e pelos amigos, vai se recompor, regenerar-se e seguir o bom caminho. Em nenhum momento o interlocutor faz qualquer comentário referente às condições de inferioridade social da personagem que esclareça as intenções possíveis de denúncia do autor.

Igualmente, em recente adaptação de *Édipo*, personagem de Sófocles, omitiu-se a maldição inexorável, ou seja, a determinação da personagem. Quando muito, a visão superficial do texto permitia algumas ligações com o mundo das adivinhações, dos orixás e dos orientalismos mais ou menos puros – daí o nome *Mandala*; mas o autor não se atreve a adentrar o terreno claro da determinação divina, do *factum*, do inexorável, enfim, que afastaria da personagem a possibilidade de vontade própria, de escolha, de liberdade hegeliana. Sim, foi dessa forma que o autor quis fazer a novela, e ele tem esse direito. Mas não haveria, aí, matéria para uma indagação mais profunda, para uma ligação mais verdadeira com a origem da personagem? Creio que sim, e acredito também que a solução encontrada foi empobrecedora. Serviu para deixar mais clara ainda a distância entre uma tragédia e uma telenovela. Mas isso já é outro assunto.

Como em quase todos os tipos de composição de cunho dramático, também na TV importa, e muito, saber quem, no todo da construção ficcional, quer, tem vontade, usa-a, escolhe seus meios de ação e age verdadeiramente, impulsionando o conjunto da história para a frente.

Nas peças de teatro de corte dramático, aristotélico, em que a ação se faz com continuidade, do começo ao fim da obra, carregada por um ou mais protagonistas, é importante, na análise, definir qual o condutor, qual a personagem que concentra em si a maior quantidade de vontade (e também a qualidade de vontade mais bem-sucedida).

Assim, se em *Macbeth*, o protagonista é aquele que, efetivamente, quer ser rei e agirá para consegui-lo, também é verdade que sua Lady, em certos momentos, o substituirá na condução da ação, tomando de suas mãos a bandeira da traição e do homicídio.

Por outro lado, se podemos continuar nessa linha, em *Otelo* não é o Mouro quem concentra em si a maior quantidade de vontade (pelo menos dentro do âmbito da própria peça), mas sim a personagem Iago. Se Otelo quer apenas conservar suas posições e o amor de sua amada, Iago é tangido pela sua ambição a fazer mais, a ativamente conduzir o rumo dos acontecimentos.

A personagem (ou personagens) que tem algo definido em mente, ao tomar consciência desse alvo, dessa meta, deverá fazer coisas que a aproxime cada vez mais do objetivo almejado, seja ele o poder, a vingança, a vitória ou o amor.

É curioso, a esta altura, sem entrar em maiores perquirições a respeito de seu todo, lembrar a teoria do filósofo francês Étienne Souriau, teoria que fala de certo número, bastante grande, de situações dramáticas possíveis e específicas, para a configuração dessas situações: as funções dramatúrgicas das personagens.

Entre essas funções (que são seis: *Leão*, o que conduz a ação; *Lua*, a coadjuvante; *Marte*, o oponente; *Sol*, o bem desejado; *Terra*, o beneficiário; e *Balança*, o árbitro), a figura mais interessante nesta oportunidade é o Leão.

No teatro, a figura do Leão é facilmente identificável: é ela que deflagra a ação, que age e dinamiza o conjunto dos acontecimentos; é Antígone, é Medeia, é Édipo. Ou Nora, de *Casa de Boneca*, ou o povo de *Fuente Ovejuna*, ou Claire Zahanassian, de *A Visita da Velha Senhora*.

Existirá um Leão (ou Leões) numa obra de ficção televisiva?

Acredito, sem dúvida, que sim. É mais difícil, talvez, determiná-lo em cada caso, dadas as dimensões variadas do gênero e seus subgêneros, as características próprias de cada tipo, em alguns casos sua longa extensão, seus desenhos provisórios, possibilidades de mudanças quase totais de rumo etc.

Num unitário, o Leão deve ser definido logo e, provavelmente, permanecerá Leão do começo ao fim da unidade; trata-se, aí, de obra de ficção veiculada de uma só vez, na qual se conta quase sempre uma história com começo, meio e fim, personagens com objetivos e obstáculos, protagonista e antagonista, final feliz ou insucesso do herói etc.

No seriado, o protagonista, em geral, é proposto no primeiro episódio: sabe-se quem ele é, ou quem são, se se tratar de um grupo; a partir daí, esse protagonista (ou grupo) vai tratar de conseguir o fim que se propôs: começar de novo sua vida de mulher, libertar Chicago do crime, ganhar a vida como caminhoneiro. Os episódios seguintes, numa estrutura global épica, mostrarão momentos da vida desse protagonista, dentro da trajetória que se dispôs a seguir; é claro que, como cada episódio constitui uma história, aparecerão eventualmente outros Leões (quase diria Subleões) que são os condutores da ação naquele episódio. São personagens que, dentro daquela determinada história (ligada ao conjunto), detêm a maior dose de vontade e, buscando cumpri-la, agem. Pode acontecer até que o protagonista, dentro de um determinado episódio, venha a ser Marte, o oponente, o que não lhe tira a característica de Leão no seriado todo. Apenas, naquele momento da história, quem está agindo com maior empenho e objetividade é outra personagem, e cabe ao protagonista da série completa opor-se a ela. Ou cumprir qualquer uma das demais funções estudadas por Souriau: ajudar a personagem principal do episódio, ser o objeto de seu desejo, ser o que vai decidir o problema, ser o que vai receber as vantagens da ação. Não importa; o protagonista da série continuará a ser o Leão, o Leão maior, ao qual se subordinam os acontecimentos de cada episódio.

Numa minissérie, espécie de telenovela pequena, as coisas acontecem quase como sucedem na própria telenovela. Mas, em relação à personagem Leão, o que sucederá na telenovela?

A telenovela, devo voltar a dizer, é uma construção irregular, de grandes dimensões, e tem de ser vista por um tempo necessariamente grande. Além do mais, já se viu que ela é levada ao ar, pelo menos na sua versão original, ao mesmo tempo que é escrita, sofrendo as injunções da técnica.

Parece, portanto, que a condução da ação e o exercício da vontade, na telenovela, ficam um pouco ao sabor do acaso e dos interesses momentâneos de audiência e sucesso. A telenovela seria, assim, um pouco "qualquer coisa".

Mas, nos exemplares mais coerentes, sem dúvida (e basta que se leia a sinopse), uma história básica é proposta, história que deve ter começo, meio e fim. Nessa história, algo de muito definido vai acontecer – não há aqui nem a fluidez da poesia nem a liberdade quase total do cinema. Alguém, a personagem A, vai tentar fazer alguma coisa; outro alguém, a personagem B, quererá impedir que a personagem A atinja o seu objetivo; ficam claras as figuras do protagonista e do antagonista principais, e o conflito entre ambos fará deflagrar a ação. Se não for esse o esquema, de qualquer modo haverá uma personagem a desejar alguma coisa, e um obstáculo no caminho da consecução do seu desejo. Daí também virá a ação.

Não importa que o maior condutor da ação não seja, necessariamente, o protagonista; há exemplos disso: recentemente, tratando da novela *O Salvador da Pátria*, notei, em conversa com o autor, Lauro César Muniz, que os verdadeiros condutores da ação, pelo menos até por volta do capítulo cem, ou seja, com mais de metade da novela já escrita, eram duas personagens femininas: Gilda e Marina. O protagonista, Sassá Mutema, deixava-se levar, era manipulado, decididamente usado pelos objetivos colidentes de ambas as personagens femininas. É só muito depois da metade da novela que o protagonista toma as rédeas da ação e, mesmo assim, de forma apenas parcial.

Isso coloca outro problema: a variação da figura do Leão na telenovela. Pode acontecer que, devido às dimensões peculiares do gênero, a ação seja conduzida predominantemente, numa fase do processo, por um e, em outra fase, por outra personagem. Isso, aliás, também ocorre no teatro.

Ora, a existência e a clara definição da função da personagem condutora, o Leão, além de determinar quem é, na verdade, a personagem principal (poderíamos distingui-la do protagonista para efeitos de imagem), servirá para definir o grau de necessidade, na sua construção, de algum ou alguns dos caracteres. Protagonista, claro, é o papel-título (Sassá Mutema, por exemplo). Mas personagem principal, a certa altura da novela, eram Marina ou Gilda, que conduziam a ação.

Com certa frequência, aparecem no corpo de uma novela personagens inócuos, inativos, dispensáveis mesmo. A primeira pessoa a detectar a existência dessas personagens é o próprio ator. É frequente que um ator exigente recuse uma personagem que ele imediatamente identifique como inativo, como figura que não adianta a ação e não adianta à ação.

Muitas vezes, a inatividade da personagem, ou o esvaziamento de sua ação, por necessidade dramatúrgica, ocorre por falha inicial do autor; muitas outras vezes, no entanto, essa inatividade decorre do caráter de *obra em aberto* que marca a telenovela. Pode acontecer que uma personagem que tivesse, pela sinopse, função muito definida, participação efetiva e influência no curso dos acontecimentos, venha a ser esvaziada por motivos extraficção; recusa por parte do público, recusa por parte do ator, fatos da realidade que penetrem a ficção em curso, a produção da ficção que estará em processo – mortes, doenças, acidentes etc.

É de se notar também que a atividade da personagem, seu caráter *leonino*, pode ocorrer apenas em pequena parcela da história; a personagem pode atravessar todo o curso do enredo à margem, para, fundamentalmente, agir no final, mudando os acontecimentos. Ou, em outros casos, aparece fortemente delineada no princípio, determina os acontecimentos iniciais e depois se mantém à parte, invisível, fazendo-se representar por sinais simbólicos de todo tipo: cartas, mensagens, telefonemas, imagens fugidias etc.

Como outras espécies dramáticas, porém, a novela transborda de personagens sem ou quase sem função.

São os amigos que ouvem e fazem confidências, os tipos cômicos e gratuitamente engraçados, os pitorescos, os namorados de terceiro escalão, os irmãos e irmãs que compõem o ambiente do lar, as personagens, enfim, passageiras e decorativas. Algumas vezes, certos tipos desses cumprirão uma função dramática importante. Outras vezes alimentarão pequenas veredas paralelas que existem e devem existir, é claro, mas que também, numa análise que se preze, devem ser examinados com realismo, para que tenham detectada a sua natureza. Naqueles ramos de que já se falou, que formam a fronde de uma árvore, há lugar para todo tipo de grandeza. É importante que alguém faça avançar a pequena sub-história de personagens menores, que muito remotamente afetarão a vida dos protagonistas. Há Leões e há exemplares de outras funções entre protagonistas e entre coadjuvantes. Todas as tramas devem avançar porque do seu conjunto depende a estrutura total da telenovela. E o avanço das histórias se deve, sempre, a essas criaturas que têm um objetivo, seja de que tipo for, e que, para alcançar esse objetivo, enfrentam obstáculos, criam, desenvolvem e resolvem conflitos.

A personagem não é um ser imutável, como não o são as pessoas reais. Ao longo da vida, as pessoas mudam, enriquecem, acrescentam-se com as experiências, amadurecem, melhoram; ou tornam-se amargas, desiludidas, endurecidas. O que significa melhorar ou piorar, eticamente? É o senso comum que nos dá a resposta.

A vida transforma as pessoas. Nada permanece igual, já se sabe, nem mesmo as pedras. Ninguém pode banhar-se duas vezes no mesmo rio...

Não se pode esperar, portanto, que a personagem de ficção permaneça sempre igual ao que foi mostrado no primeiro momento da criação; pelo menos se a ficção estiver interessada num mínimo de recriação realista da realidade, em vez de criar um porta-voz mecânico de alguma mensagem importante, representante abstrato de uma ideia especial. Esta última hipótese, convém lembrar, é aceitável em qualquer tipo de ficção. Nada é proibido! Mas não se tem feito assim na televisão; ela tem buscado seus resultados mais convincentes, na ficção, em personagens psicologicamente próximas ao real, ao que se convencionou tomar como modelo, inclusive na literatura, pelo menos a partir do século XIX.

Seguindo essa linha de pensamento, poderemos chegar à conclusão, aristotélica, de que existe, em qualquer caráter criado para ser veiculado pela TV, um fundo de coerência constante, algo que não muda ou muda muito pouco, e que se poderia chamar "alma", "essência", tudo o que, enfim, constitui a base da colcha de retalhos, o tecido sobre o qual todos os fragmentos (e sucessos) da vida humana são costurados.

O que aqui se diz contraria qualquer teoria da determinação externa da personagem – e, por conseguinte, do ser humano. Para Brecht, o ser social determina a personagem. Não existe o imutável, o básico, o fundamental. Todos somos o que somos por razões exteriores e determinantes.

Como já se procurou dizer em outras ocasiões, parece que a personagem *é um composto mutável com características fundamentais*, tenham elas o nome que quisermos dar, e com traços cambiantes, que mudam por influência de circunstâncias externas: fatos da vida, êxitos e fracassos, paixões, emoções e, naturalmente, condições sociais e econômicas.

Isto posto, a personagem mudará, sofrerá alterações na ficção televisiva; estas poderão acontecer de várias maneiras, conforme o gênero para o qual escreve o dramaturgo. Mas seja qual for esse gênero (ou subgênero), e sejam quais forem as características do trabalho, o escritor deverá tomar cuidados especiais ao realizá-lo, no que tange às modificações da personagem.

Essas modificações não podem ser arbitrárias; a personagem não pode passar de vilão a herói, de mau a bom, de desonesto a honesto, por mera necessidade casual do veículo ou por urgentes razões de brevidade. Se aceitarmos o fato de que existe em todo ser ficcional um fundo fixo, seja de que proporção for, que dá unidade ao ser, naturalmente será difícil aceitar a reversão total, a mudança completa de A para B. Entra aqui, mais uma vez, a visão dialética de que Hegel nos fala: se uma personagem, em determinada fase de sua vida, é A, e se confronta com as circunstâncias oponentes B, que a influenciam e com ela se chocam, é aceitável que sobrevenha daí uma terceira posição C, que será a nossa personagem daqui para a frente. A personagem A+B transformou-se em uma terceira, que engloba as duas anteriores e as supera. Não é nem mais nem menos o que era antes; é outra, que contém as posições primitivas.

É preciso, portanto, que além de respeitar o caráter em sua unidade básica, o autor prepare as modificações, fazendo aparecer no caráter *a potência* da mudança. Se uma determinada personagem pode vir a ser um ladrão, embora tenha tido, até aqui, comportamento de homem honesto, é preciso que isso seja devidamente preparado por meio de indicações – realizadas de diversas maneiras –, que sejam verdadeiras pistas dadas pelo autor do que vai acontecer. Os autores de romances policiais são, em geral, peritos nesse tipo de preparação, que nada mais é que a exposição da potência embutida na personagem.

Assim, tendo-se em vista o fundo básico da unidade do ser ficcional e sabendo-se que, por consequência, as modificações tenderão a afetar mais o que é acessório e não o principal, que essas mudanças devem ser suficientemente justificadas em sua importância, e que a transformação deve ser preparada para ser convincente, poderemos chegar a uma personagem coerente, passível de mudanças, humana, enfim – um ser de ficção aceitável e convincente, e não um mero instrumento da vontade do autor.

Toda boa personagem – dentro do universo de que estamos tratando – será afetada por conflitos internos.

Chama-se conflito interno a contraposição de duas forças, interiorizadas, ambas potentes, significativas, que se enfrentam numa mesma personagem. São os desejos conflitivos de vida e morte, os impulsos contraditórios de destruir ou construir, de amar ou renunciar, de escolher este ou aquele caminho. A esses conflitos internos está sujeito qualquer ser humano e, naturalmente, qualquer personagem que se aproxime do modelo humano; e não aquela altamente estilizada, que seja mais uma abstração, uma porta-voz, uma alegoria.

A personagem conflituada, no entanto, supõe a *expressão desse conflito*. É preciso que o espectador se dê conta de que o conflito existe. Em outras palavras, o autor cria uma personagem conflituada e coloca-a em cena informada interiormente de seu conflito. Mas, para que o espectador tome conhecimento da existência dessa complicação psicológica, o autor deve dar pistas externas, no corpo da ficção, da existência dessa inquietação. O que era subjetivo precisa objetivar-se.

E objetivar-se de qualquer maneira: por meio dos diálogos, de recursos visuais, de gestos, atitudes, da ação propriamente dita, enfim, de qualquer maneira apreensível pelo espectador, que, assim, tomará ciência de que aquele é um caráter dividido e, portanto, passível de sofrer uma eventual e gradual modificação.

O conflito interno, quando bem construído, enriquece, complicando a personagem da linha a que aludimos: é Fedra, que ama o enteado, mas que está presa pelo respeito ao marido desaparecido, pelos preconceitos e tabus que proíbem o seu amor, pela própria recusa do amado; é Nora, que se reconhece sem independência e quer libertar-se, mas continua presa à tradição de obediência ao marido, ao amor e à comodidade do lar; é a Viúva Porcina, que ama Roque, mas se prende às vantagens e à segurança que lhe dá Sinhozinho Malta.

As personagens realistas, psicologicamente bem construídas (as melhores personagens da telenovela), são complexas, ricas de conteúdo, contraditórias, mas verossímeis e humanas. As más personagens da telenovela não são as *más*, mas as que são apresentadas com uma feição e, depois, por razões variadas, mudam por completo o seu ser de personagem. Só mesmo a longa duração da história pode levar o público a engolir esse tipo de defeito; a longa duração da história faz com que a primeira versão de uma personalidade esteja, agora, longe demais da segunda. Podem fazê-lo ainda algumas das armadilhas da telenovela: em primeiro lugar, a multiplicidade de personagens, trinta, quarenta, todas para serem criadas, desenhadas, figuras que precisam ser mantidas ao longo de um tempo real, o tempo da vida dos atores, do público, do país. Depois, as tramas, as subtramas, nas quais essas figuras devem intervir, que se desenrolam individualmente e se enrolam no conjunto, complicando-se à medida que a novela avança, o que exige, às vezes, pelos perigos da oscilação de audiência, a aparição de personagens novas para vivificar a história.

Dessa forma, é muito frequente que as personagens da telenovela, mesmo das melhores, mudem inexplicavelmente ao longo da exibição. Isso é explicável na prática, mas é mau como técnica. Desde que o autor encontre bons motivos para a variação e consiga convencer o público das razões da mudança, o que seria defeito se transforma em qualidade, ou o que era incoerência passa a ser vida – e o autor terá acertado.

11. O NARRADOR-CÂMERA

"A narração" – diz o teórico francês Patrice Pavis – "faz 'ver' a fábula em sua temporalidade, institui uma sucessividade de ações e de imagens"[1].

Narrar – diz ainda qualquer dicionário – é *expor, contar, relatar, referir, dizer*. Como se conta em TV?

A temporalidade e a espacialidade, num programa de TV, nos são dadas pela câmera e pelo artista que a dirige, segundo indicações prévias. Ora, aqui já indicamos *três* pessoas: o chamado *cameraman*, o diretor e o autor do texto – isso no mínimo. O escritor, primeiro elemento dessa cadeia, pede e determina os rumos da máquina, pelo simples fato de ter escrito o roteiro. As ações pedidas pelo roteiro são as primeiras necessidades que devem ser atendidas pela produção de imagem, mesmo que o roteirista

---

1. *Dicionário de Teatro*, 3. ed., São Paulo: Perspectiva, 2011, p. 257.

não tenha entrado em indicações técnicas próprias de um tratamento específico de texto.

É muito comum que estudantes perguntem se, no que tange ao roteiro, o autor é obrigado a indicar movimentos e tipos de tomada a serem feitos pela câmera. Um pouco dessa incerteza vai por conta da insegurança; se escrever palavras que devam ser transformadas em diálogo, gestos, ações não nos é muito estranho, dada a tradição literária que nos aproxima do fenômeno teatral, de resto mais antigo e familiar, é natural que nos seja mais difícil e complicado escrever indicações que devam ser obedecidas por uma máquina para criar *imagem*, esta materialização de um sonho.

A resposta que sempre tenho dado a essa dúvida é simples: escreva as indicações de câmera se souber fazê-lo e se as indicações lhe parecerem necessárias. Haverá momentos do seu roteiro em que um ângulo determinado, um tipo de visão específico, um conjunto dado serão indispensáveis. Quando isso não acontecer, o diretor poderá suprir essa falta, dado que ele será o coordenador do conjunto, e essa é uma de suas funções e se supõe que a sua criatividade vá por esse rumo. Aliás, a pergunta básica que um diretor tem de fazer a si mesmo, em TV, deve ser a seguinte: *como vou narrar o que está no texto*? É trabalho do diretor, nesse caso, buscar meios expressivos, utilizando a linguagem própria da televisão para alcançar os objetivos comuns de roteiro, direção, fotografia.

Caberia aqui uma citação da obra utilíssima de Anna Maria Balogh, professora da Universidade de São Paulo, obra referente às adaptações em cinema e TV, *Conjunções, Disjunções, Transmutações*, num passo em que se refere à câmera:

> Quanto mais a direcionalidade vertical aponta para o alto, mais perto estamos da aproximação do humano ao divino ou ao mítico, formas superiores de poder e de saber, no aspecto positivo. No aspecto negativo, essa direcionalidade pode apontar para as formas mais exasperantes de autoritarismo, visíveis na imponência e na grandiosidade de muitas estátuas e monumentos fascistas, por exemplo. No extremo oposto, quanto mais a direcionalidade vertical aponta para baixo, mais próximos estamos ao término de tudo,

à morte, ao descanso, à terra, num sentido positivo. No sentido negativo, nos aproximamos ao animalesco, ao profano degradado.

Falamos aqui mais especificamente do cinema, porém, vemos que suas observações têm tudo a ver com o que de melhor a televisão pode, também, fazer do uso da câmera para a conceituação e, por conseguinte, a narração.

Trazendo-se para uso da técnica de televisão alguns conceitos brechtianos de encenação, poderemos chegar a conclusões – talvez provisórias, mas interessantes – sobre a narração em TV.

Diz B. Brecht, em suas notas sobre a peça de sua autoria, *Mãe*, baseada em romance de Górki:

> O teatro épico utiliza, da forma mais simples que se possa imaginar, composições de grupo que exprimam claramente o sentido dos acontecimentos. Renuncia a composições "acidentais", que "simulem a vida", "arbitrárias", o palco não reflete a desorganização "natural" das coisas. É precisamente ao oposto da desorganização natural que se aspira, ou seja, à organização natural. Os princípios à luz dos quais se estabelece tal organização são de índole histórico-social.

E, ainda, no item 66 do *Pequeno Organon*:

> Todo acontecimento particular tem um gesto fundamental... No agrupar das personagens em cena e no movimento desses grupos, a beleza requerida se alcança através da elegância com que é apresentado o repertório de gestos, exposto aos olhos do público para submetê-lo ao seu julgamento.

O que foi dito acima corresponde, em última instância, ao conceito de *gestus* do dramaturgo alemão. Voltando a Patrice Pavis, na obra já citada, vemos que, quando define *gestus*, afirma: "Toda ação cênica pressupõe certa atitude dos protagonistas entre si e dentro do universo social: isso é o gestus social".

Ou seja: a organização dos elementos do espetáculo em cena (ou em estúdio, ou em locação) é um signo a mais, um elemento significativo, algo que se quer *dizer* e se diz pela colocação expressiva, feita desta ou daquela forma, de atores, cenário, luzes, sons, cores etc. O diretor de um espetáculo – teatral ou assemelhado – deve preocupar-se com o que quer dizer (e, claro, com o que quis dizer o escritor) e expressá-lo na colocação dos elementos em cena.

Em diálogos efetivados com o próprio Brecht, colaboradores seus, Carl Weber e Manfred Wekwerth, notadamente este último, referem:

> O arranjo cênico para fins narrativos deve ser capaz de contar a história principal da obra – e suas contradições – por si mesmo, de maneira que uma pessoa, observando a ação através de uma parede de vidro, impossibilitada de ouvir o que se diz, seja capaz de compreender os principais elementos e conflitos da história.

Isto é o que, já em trabalhos relativos à televisão propriamente dita, além do teatro, fica patente em certa linha de dramaturgia oriunda de Brecht e outros marxistas, vinda através de Cuba, e que se pode estudar, em trabalhos escritos ou não, numa linha de diretores, professores e profissionais de TV que vem da professora Gloria Parrado até Fidelina González, dramaturgista da televisão cubana, passando pelo diretor Carlos Piñeiro, de teatro e TV. Os cubanos chamam essa organização cênico-visual de *arreglo narrativo* e o utilizam sistematicamente em teatro, cinema e televisão. *Arreglo narrativo* seria, portanto, a composição visual que narra uma situação pela posição dos elementos, dos corpos e pela relação entre eles. *Narrar* é o objetivo da seleção do enquadramento. Busca-se contar alguma coisa a alguém.

Continuando a valer-nos de certas premissas expostas na linha de teoria da dramaturgia dos professores cubanos acima citados, poderíamos dizer que, ao narrar, a câmera mostra algo, e devem ser feitas as seguintes perguntas:

- o que se quer mostrar?
- por quê?

- para quê?
- como?

A resposta à primeira pergunta é simples: queremos mostrar, em geral, personagens em situação, ou seja, a cena que elas compõem e através da qual se identificam. À segunda questão corresponderá saber *por que* nos interessa mostrar (narrar) aquela cena, qual o motivo ou a causa daquela seleção. *Para quê* tem a ver com a finalidade (e não com a causalidade): qual a consequência dos atos mostrados em determinada cena? Finalmente, o *como* nos dará a maneira pela qual mostraremos a cena e narraremos, portanto, o momento dramático que nos interessa evidenciar.

No entanto, seria equivocado supor que, sendo *narrador*, a câmera supra *todas* as funções de um narrador.

Ela descreve, mostra o lugar e dá a ordem cronológica; marca uma época, um clima e um ambiente; faz-nos ver certos acontecimentos dos quais nos cientificamos; às vezes, mais e melhor do que se fossem narrados pelo diálogo. É um *olho*. Mas não dá conta da narração no seu total, visto que é, como foi dito, apenas a máquina a serviço de um organizador. A narração no sentido de contar a história é, em última instância, entregue à figura do narrador onisciente de modo dramático, que resolve a fábula por meio de diálogos e ação organizados. A narração total, o conjunto formado por áudio e vídeo (criados a partir do ponto de vista do narrador onisciente) é o que produz, afinal, toda a história.

E, nesse serviço, a câmera também serve para caracterizar a personagem, de acordo com sua forma de criar a imagem, de utilizar enquadramentos e posições de tomada, como foi dito, de compor, enfim, o arranjo cênico-narrativo preconizado por Brecht.

Nesse trabalho de caracterização de personagens e de um conjunto dramático-narrativo, a câmera é auxiliada pelo áudio, e ambos, juntos, chegam a *julgar* a personagem, dando-lhe foros de herói, vilão, ingênuo, vencedor, por meio de sua seleção expressiva. Mesmo o espectador mais desavisado pode, com facilidade, no modo de narrar que caracteriza, hoje, a ficção televisiva, saber se o autor-narrador sente pela personagem focalizada uma predileção especial, que o levará a elegê-la como protagonista-herói ou não simplesmente por meio dos recursos de áudio e vídeo que a marcam, como música-tema, forma de apresentá-la na abertura de uma telenovela, forma de focalizá-la em uma cena, em suas entradas, em suas intervenções dramáticas.

Tal como no romance, no conto, no cinema (e no poema épico), a personagem de televisão pode ser contada, narrada, descrita. Na ficção literária é o escritor quem pode dizer (com palavras escritas e lidas) que Artur, personagem de Eça de Queirós, no romance *A Capital*, timidamente pisou pela primeira vez o chão de Lisboa, feliz por estar, finalmente, na capital, mas também com medo, angústia, insegurança.

Se desejássemos, no entanto, mostrar a chegada de Artur à capital, a rigor não deveríamos falar nada sobre isso (a narrativa falada em TV não é proibida, mas não é comum). O que deveríamos fazer é mostrar Artur desembarcando do trem, a expressão intimidada, os passos inseguros, o jeito canhestro de pegar o carro, a insegurança com que sobe, pela primeira vez, as escadas do hotel. A câmera está aí para isso, em cinema e TV. Nós nos valeríamos da interpretação do ator, destacada pela proximidade da imagem, provavelmente pelos *closes* que deixariam patente a sua confusão, os seus gestos tímidos. E nos valeríamos das imagens criadas pela câmera: as luzes da capital, as ruas movimentadas, as pessoas seguras em sua condição urbana, o olhar dos lisboetas, a gente da cidade estranhando o provinciano desajeitado. Tudo seria permitido em termos de imagem, e como provavelmente só poderíamos caracterizar a Lisboa de então como grande cidade em relação à aldeia, mostraríamos, talvez, em *flashes* a Oliveira de Azeméis de onde vinha o herói.

A solidão de um homem abandonado pela mulher que amava pode ser dada – como ficou dito – por uma câmera alta, que o focaliza de cima, sozinho no quarto, onde ele prepara a mala para partir. A mesma cena, com a câmera posta em outra posição, adquire outro sentido, dá outra visão, portanto, da caracterização da personagem e do momento que ela atravessa – e, naturalmente, a personagem faz a história e também é feita por ela.

Vi um dia uma cena de telenovela em que dois interlocutores, um homem e uma mulher, tratavam de coisas gravíssimas da relação de ambos. A câmera estava colocada muito acima, no mezanino da casa, e mostrava os dois atores de longe, com a mesa do café entre eles. Perdiam-se as expressões faciais de ambos, não se podia aquilatar as reações do homem quando a mulher anunciava que ia deixá-lo – uma fala muito íntima, muito grave e determinante. Nem ela aparecia bem quando falava, nem ele enquanto ouvia – o ângulo era lindo, com detalhes de escada, travejamento, madeiras, luzes, mas não servia para nada, pois não caracterizava intimidade, solidão, dor, trauma, desgosto, abandono. Da mesma maneira que um bom cenário de teatro serve ao texto, auxilia a interpretação dos atores, ajuda no sentido de se conhecer a peça e nunca atrapalha. Em TV, o bom cenário, a boa luz, a escolha bem-feita do ponto de visão também servem, ajudam, facilitam, enriquecem. As câmeras não passeiam porque têm rodinhas; elas se movem para cumprir uma função. E uma das funções possíveis é ajudar a contar a história. As coisas concretas podem ser mais bem veiculadas por meio da imagem do que de qualquer outra forma.

Outra coisa acontece, é claro, com o subjetivo, o lírico. Se o protagonista está triste, infeliz, deprimido porque algo lhe aconteceu e não chegou ao nosso conhecimento, ele, depois de mostrar-se abatido, de olhar pela janela, de derramar algumas lágrimas, tem de *falar*. E se algo lhe aconteceu *que chegou ao nosso conhecimento*, ele tem de falar, para que saibamos *como* ele foi atingido, *quanto* ele foi atingido e que consequências provocou na sua alma, nos seus sentimentos, nas suas emoções, o mal que o atingiu. *Não há imagem da alma*. O rosto, o olhar nos dão esses indícios. Se a personagem chora, se se desespera, se fuma ou se bebe, são todos indícios. Mas só as palavras poderão dar a medida exata do que lhe vai por dentro.

Em teatro e em técnica dramática pura pode-se dizer que a ação da personagem, o que ela faz, é a melhor maneira de contar o que está se passando com ela. Mas televisão não é drama puro. A melhor expressão do subjetivo ainda é a palavra, o diálogo; separada disso, acima e abaixo, está a câmera.

12. A PERSONAGEM PORTA-VOZ DO AUTOR (OU O PROBLEMA DO PONTO DE VISTA)

Vimos no capítulo anterior que o narrador é, em última análise, o autor, é a mão organizadora, é quem escolhe, seleciona e monta o material para dizer o que pretendia desde a gênese do seu trabalho.

No entanto, na obra dramática, ou basicamente dramática, como é a ficção televisiva, sabe-se também que o autor, ao criar personagens, que são *pessoas de mentira*, seres imaginários montados a partir de certas premissas já aqui estudadas, dá a essas personagens uma missão, uma função própria. Uma personagem, ao ser criada, tem seu *papel*, diferente do, digamos, papel do autor-ser-real que a criou. Um autor do sexo masculino pode criar uma personagem do sexo feminino e, sendo (o autor) ótima pessoa, cheia de virtudes e de moral ilibada, pode criar uma vilã execrável, criminosa, imoral, desprezível, e deve fazê-lo da melhor maneira possível, dando-lhe as características necessárias para torná-la convincente.

Apesar disso, o autor, ao escrever uma história, acaba por transmitir suas ideias sobre um determinado assunto, diz o que pensa sobre certo tema; ainda que não o queira ou nem sequer tenha consciência de tal fato, acaba por *colocar--se* e, para tal, utiliza a ficção.

Ao organizar os elementos ficcionais, o autor está comunicando ao público seu ponto de vista sobre determinados temas, além de simplesmente contar uma história. Mesmo nos casos em que não transpareça uma *tese* evidente – e esses casos talvez sejam a maioria – o autor, de qualquer forma, se coloca, diz qual é sua visão a respeito do problema enfocado.

Suponhamos que um dramaturgo escreva uma telenovela cuja história nos conta que uma jovem pobre, porém honesta, por obra do acaso encontra um rapaz rico e livre que se apaixona por ela; casam-se e vivem felizes para sempre, apesar da oposição de outra mulher que também ama o galã, da mãe da jovem, que é prostituta, de um vizinho que ama a moça e de um terremoto ocorrido na cidade, no decurso do qual os dois amantes se separam e passam cinco anos perdidos um do outro.

Ora, quais serão as ideias – pelo menos as que transparecem na obra – do autor dessa história? Em primeiro lugar, ele parece acreditar no poder do amor romântico aí enfocado, no poder da virtude e na força do acaso; acredita que a persistência no amor vença todos os obstáculos e que os preconceitos não podem destruí-lo. Sobre essa (resumida) ideologia ele vai construir seu trabalho.

Quando Felix B. Caignet, o autor cubano de O *Direito de Nascer*, escreveu sua radionovela, depois transformada em telenovela, filme etc., provavelmente não estava consciente de que escrevia uma obra contra o aborto e, portanto, uma obra que viria a ser considerada, posteriormente, antifeminista, antirrevolucionária, conservadora, até mesmo em seu país. Provavelmente, o autor repetia apenas a voz das tradições que tinha recebido, sem consciência, e que eram provenientes de gerações anteriores (portanto, conservadoras). Mas não o fez deliberadamente para defender um ponto de vista.

No entanto, colocou uma tese e a defendeu, ainda que involuntariamente. O ponto de vista aí sustentado por Caignet, embora resulte, por exemplo, do comportamento, ações e palavras da personagem Mamãe Dolores, é consequente do conjunto que forma a obra, das ideias que o total da ficção transmite, do evoluir da história, da maneira de apresentar os problemas e solucioná-los, do desfecho final com os premiados e os castigados. É, portanto, desse conjunto que se deve extrair o ponto de vista do autor, e não, normalmente, do comportamento de alguma personagem.

Repetindo e explicando melhor, é conveniente, aqui, citar Aristóteles, o pai da matéria. Ao falar em personagens (que são, como fica explicado em sua obra, os seres através dos quais e com os quais imitamos a realidade em ação), diz Aristóteles que elas devem agir como se os acontecimentos se estivessem dando naquele mesmo momento, como se o fato representado ocorresse *aqui e agora* – em suma, que as personagens devem incorporar os seus atos e cobrar existência autônoma, distinta da existência real de seus criadores.

Num universo de mimese, de recriação de ação, o condutor dos acontecimentos ficcionais é um ser imaginário, criado pelo autor (como dissemos) a partir de realidades experimentadas, da sua experiência pessoal e de suas vivências do mundo real.

Diz Aristóteles textualmente: "O poeta deve falar o menos possível por conta própria, pois não é procedendo assim que ele é bom imitador".

Isso significa que o poeta, criador de seres ficcionais, encarregados de dar vida a uma história inventada, fingida, imitada, deve dar a essas personagens falas e ações condizentes com sua vida fictícia. O poeta lírico fala do seu *eu* interior, o poeta épico narra histórias, mas o poeta dramático cria um mundo ficcional, no qual pessoas de mentira serão as portadoras, em ação e palavras, de um enredo criado.

Uma personagem, única entre as demais, uma determinada personagem, portanto, não representa normalmente o seu autor; não é sua porta-voz, não transmite suas opiniões nem expõe suas razões. Fala e age como alguém que, inserido numa trama inventada, mantém a coerência e a verossimilhança almejadas por seu criador. Cumpre um papel. Aliás, é a isso que Aristóteles chama de *conveniência*. Conveniente é a personagem que age e é como o exigem seus objetivos, seus intuitos, sua função. Os vilões não são o autor, assim como não o são os heróis. Ricardo III não é Shakespeare, assim como Corneille não seria, talvez, tão nobre quanto o Cid.

Isso, *normalmente*, teoricamente, em tese; mas será que nunca, nesse universo ficcional, uma personagem é porta-voz do autor, fala em seu nome, defende suas convicções?

Parece claro que sim, que um autor pode querer utilizar uma personagem como a portadora preferencial de suas ideias e convicções, como o instrumento por meio do qual se manifestem suas próprias opiniões acerca do problema que possa ter motivado a escrita de um texto, a escolha de um tema.

Remontando-nos novamente às origens, podemos recuar até o coro da tragédia grega e ver o que diz, a seu respeito, o ensaio "A Personagem no Teatro", de Décio de Almeida Prado, em *A Personagem de Ficção*:

> Assim devemos compreender o coro da tragédia que, se por um lado era pura expressão lírica, por outro desempenhava funções sensivelmente semelhantes às do narrador do romance moderno: cabia a ele analisar e criticar as personagens, comentar a ação.

Aparece aqui, expressa, a palavra *narrador*; esta seria a personagem (coro) que, no curso dos acontecimentos, analisaria e criticaria as personagens, comentando a ação.

Ora, quem desempenha essas funções está *acima* das personagens, acima da ação. O narrador, aqui, é o próprio dramaturgo. Devemos compreender, portanto, que o coro é, historicamente, das primeiras – quiçá a primeira – personagens porta-voz do autor.

Outros viriam, demandando uma pesquisa na história do teatro, para fazer ressaltar os exemplos mais flagrantes, que talvez não caibam aqui. Diz o mesmo Décio de Almeida Prado, e na mesma obra, ao falar das relações entre autor e personagem, quando claramente nos explica as dificuldades que tem o autor no tocante à sua criatura, viva e dona de sua própria vida, de suas ideias e ações, as quais o autor não deve determinar: "Mas poucos autores se contentam com semelhante exclusão: o próprio impulso que os levou a escrever a peça leva-os também a expor e defender seus pontos de vista. Daí essa luta surda entre autor e personagem, cada qual procurando ganhar terreno a expensas do outro".

Esse impulso que leva o autor a expressar suas opiniões, seu ponto de vista sobre o tema tratado é, naturalmente, e por ser resultado da escolha soberana do autor, da opção seletiva que o levou a criar, resolvido no contexto geral da obra, como já foi dito.

Por ora, continuemos no exame dos mais evidentes exemplos de personagem porta-voz do autor ao longo da história.

Um dos casos mais explícitos de defesa de um ponto de vista se encontra quer no classicismo, quer nas chamadas *peças de tese* ou, de modo geral, nas obras do realismo e naturalismo, notadamente do francês, que criaram o *raisonneur*.

Ainda segundo Patrice Pavis, no dicionário já citado, o *raisonneur* seria "[...] a personagem que representa a moral, ou o arrazoado correto, encarregada de dar a conhecer, através de seus comentários, uma visão 'objetiva' ou a que o autor tem da situação".

Essa visão, chamada "objetiva", seria a visão desvinculada de envolvimento na própria trama, a visão de alguém que, de fora, examina os acontecimentos, as ações das personagens e suas motivações, sem estar pessoalmente envolvido nas suas consequências.

Seguindo na citação de Pavis: "Essa personagem nunca é um dos protagonistas da peça, mas sim uma figura marginal e neutra, que dá sua opinião autorizada e tenta uma síntese ou uma reconciliação dos pontos de vista".

Visto sob esse ângulo, o *raisonneur* aparece como um tranquilizador, como um pacificador encarregado de, à parte e acima dos conflitos que dinamizam uma peça, dar aos espectadores uma oportunidade de descanso e relaxamento das tensões produzidas pelo entrecho. Mas não se deve desprezar a sua função de porta-voz, não necessária e obrigatória, mas dominante, sobretudo no teatro de tese.

No nosso ingênuo teatro romântico-realista brasileiro, ingênuo sim, mas nem sempre destituído de valor, temos o exemplo de um *raisonneur* típico na peça *O Demônio Familiar*, de José de Alencar, estreada em 1857, no Rio de Janeiro.

Nessa comédia, Alencar desenha a figura de um moleque escravo, Pedro, que, ansioso por melhorar a vida do seu amo, Eduardo, enreda fatos e relações porque está convencido de que convém mais a Eduardo um determinado casamento que outro, o desejado pelo rapaz. No fim, desenredadas as intrigas feitas por Pedro, Eduardo se casará com a heroína da peça e castigará o moleque de uma forma singular: dando-lhe a liberdade, que lhe confere também a responsabilidade por seus atos, que o escravo não tinha.

A peça já foi considerada, alternadamente, abolicionista e escravocrata; seus defensores advogam a causa do progressismo de Alencar – o qual, de resto, era patente – ao jungir liberdade e responsabilidade; entretanto, outros pensam que Eduardo realmente pretende castigar o menino e, ao castigá-lo, atira-o para a rua, numa libertação sem apoio, a qual, aliás, viria a se confirmar na realidade brasileira trinta anos depois.

Seja qual for a opinião do espectador sobre o conteúdo da peça, é curioso examinar uma fala final de Eduardo, bem característica de defensor da razão e explicador didático:

EDUARDO: Ah!... Escutem-me, senhores; depois me julgarão. É a nossa sociedade brasileira a causa única de tudo quanto acaba de se passar.

[...]

EDUARDO: Os antigos acreditavam que toda casa era habitada por um demônio familiar, do qual dependia o sossego e a tranquilidade das pessoas que nela viviam. Nós, os brasileiros, realizamos infelizmente esta crença; temos no nosso lar doméstico esse demônio familiar. Quantas vezes não partilha conosco as carícias de nossas mães, os folguedos de nossos irmãos e uma parte das afeições da família! Mas vem um dia, como hoje, em que ele, na sua ignorância ou na sua malícia, perturba a paz doméstica; e faz do amor, da amizade, da reputação, de todos esses objetos santos, um jogo de criança. Este demônio familiar de nossas casas, que todos conhecemos, ei-lo.

E Eduardo, naturalmente, apontará o moleque, que lhe criou transtornos sérios; ao fazer a sua justiça, precisa, antes, justificar-se. E o faz com um autêntico arrazoado jurídico-filosófico.

Será Eduardo um legítimo *raisonneur*? É o que parece. Apesar de não ser uma personagem marginal, situada fora do vórtice da ação, não se pode dizer que Eduardo seja protagonista. Parece que o protagonista, papel-título, portador da ação maior que faz avançar a história, é mesmo Pedro, o escravo.

Por outro lado, se quisermos extrair da peça a sua mensagem, a moral da história, teremos que vê-la no seu todo, e não unicamente nas falas de Eduardo, no seu arrazoado final. O que a peça nos diz, parece-me, é que, embora às vezes um escravo metido dentro da casa possa prejudicar aqueles a quem queira ajudar, o que se lhe deve dar é a liberdade (e sua contrapartida, a responsabilidade) para que aprenda a conhecer as consequências de seus atos e a comportar-se como um verdadeiro ser humano, que o escravo não era. A relativa condenação que a fala de Eduardo propõe não emerge, por inteiro, da peça como um todo.

A história da literatura e do teatro está cheia de exemplos, alguns graciosos e outros trágicos, de equívocos respeitantes à identificação do ponto de vista do autor; dois dos mais famosos deles estão, aliás, inseridos na época de que falamos, o período realista.

O primeiro caso refere-se *à polêmica Bovary*, que contrapôs, segundo Ligia Chiappini, no ensaio "O Foco Narrativo", de um lado um certo senhor Picard e, de outro, Gustave Flaubert.

"Na verdade", diz a autora, "ele confundia o juízo subjetivo de Emma Bovary – a personagem – com o juízo objetivo do autor", incidindo, assim, num erro que não foi raro ao longo dos tempos. Quem, por seus traços psicológicos genialmente descritos, pelas circunstâncias que retratam uma determinada época e situação social, ao longo do romance e por suas ações, comete adultério reiterado é Emma – personagem, criação de ficção, diferente e separada do autor por numerosos traços de caracterização que são dela – a começar pelo sexo – e não do criador.

No entanto, coisa diferente aconteceu em outra famosa polêmica – o *caso Nora* – relativo à peça, de H. Ibsen, *Casa de Boneca*. A partir do desfecho, que alguns consideram trágico, ou seja, o abandono da casa familiar e dos filhos por uma mulher casada, que reivindica o direito de realizar-se pessoalmente, estalou, em 1879, um escândalo, patrocinado pelos donos da moral. Segundo estes, Nora não teria o direito de buscar sua liberdade como ser humano, afastando-se do marido e do lar, porque tinha filhos e estes deveriam ter primazia sobre quaisquer direitos seus pessoais.

Conta-se que Ibsen teria, até mesmo, modificado o final contundente de *Casa de Boneca* para garantir sua representação. Mas, ao mesmo tempo, a fim de dar aos donos da moral um esclarecimento mais eficaz, escreveu uma nova peça: *Os Espectros*. Nessa obra, o autor mostraria o que, segundo ele, aconteceria se Nora sacrificasse sua verdade aos deveres matrimoniais e maternos. O resultado, em *Os Espectros*, é o sacrifício do filho, afetado pelos desacertos de um casamento que não deveria ter sido mantido.

Ora, se se distingue a posição de Flaubert da posição de Emma, separando e destacando, de um lado, a visão subjetiva desta e, de outro, a objetiva do autor, é fora de dúvida que a posição de Nora corresponde às convicções de Ibsen.

Não são, como se pode ver do exame de ambas as obras, palavras de qualquer arrazoado que nos dão essa certeza, mas sim o caráter total das obras, o arranjo e a organização dos fatos e o desfecho, os quais indicam a posição de um e de outro autor (não se deve esquecer, por outro lado, a distinção dos gêneros: romance é um e peça de teatro, outro). Entre vários elementos, o desfecho é fundamental: enquanto Emma se suicida, destruindo-se e destruindo com a vida as suas soluções questionáveis, Nora sai ferida, mas viva e ativa para a busca de um novo caminho.

Pode-se aqui, parece-me, chegar a algumas conclusões no que diz respeito à escolha da personagem porta-voz pelo autor; em primeiro lugar, dificilmente o autor delegaria esse poder a um vilão, a um idiota, a um criminoso ou a um louco. Digo que *dificilmente* o faria porque, claro, em certas peças de cunho pessimista, niilista mesmo, quando o autor pretende fazer o elogio da destruição, do antissocial, do marginal, seu herói será uma personagem pertencente a esses quadros e, por conseguinte, tanto oriundo dessa personagem quanto do total da obra, o resultado será coerente com a filosofia e visão de mundo do criador.

Falemos, portanto, da exceção: em uma peça, de resto genial, como *Woyzeck*, de Georg Büchner, a mensagem que se tem – segundo nossa leitura particular – é a de que o homem comum pouco ou nada pode para modificar seu rumo, submetido que está, sempre e a cada vez, a uma determinação desconhecida, que o domina e impede sua livre realização.

As falas e as ações de Woyzeck, e as falas e ações das demais personagens, são de molde a demonstrar essa tese, e o protagonista pode ser considerado, claro está, porta-voz do autor, no momento em que diz, por exemplo:

> Sim, senhor capitão, a virtude. Eu não tenho. Sabe, nós, a gentinha, nós só seguimos a natureza. No entanto, se eu fosse um senhor, se eu tivesse um chapéu, um relógio e uma bengala e se soubesse falar bem, então seria virtuoso, senhor capitão. Mas eu sou um pobre coitado.

O que acontece em *Woyzeck* é que aqui se trata, verdadeiramente, de um anti-herói, de um protagonista, próprio do Romantismo, destituído da grandeza tradicional dos heróis clássicos; a personagem é um homem de extração popular, que inaugura a galeria dos pobres-diabos que viriam trazer de novo para o teatro o povo, o disforme, o aleijado, o louco, o oprimido.

Apesar disso, Woyzeck é um homem bom, um ingênuo explorado, não um vilão, embora termine por matar; fica bastante claro, na leitura ou no espetáculo, que o público acaba empatizando com o protagonista, embora compreenda que o seu sacrifício final (parece que ele também se suicidaria) corresponde a uma espécie de autojustiçamento pelo assassinato de sua mulher. Isso nos leva a crer que o autor *se coloca* no protagonista, defendendo não o crime, mas uma atenção mais cuidadosa para com o pobre, o humilhado, o oprimido.

Não é, portanto, o caso de se supor que o poeta busque fazer porta-voz de suas convicções a personagem secundária e desprovida de importância, o vilão comum, o ridículo, o grotesco, o culpado sem justificativa, a personagem, enfim, com quem o público não possa empatizar a ponto de receber essa mensagem tradutora de uma forma positiva.

E nos parece que, voltando a uma afirmativa anterior, o verdadeiro porta-voz do autor será o conjunto de sua obra, o evoluir total das ações para um determinado fim, o desfecho, com suas conclusões, seus prêmios e seus castigos. Por que é que, realmente, o público aceita a tese da personagem Woyzeck, quando esta afirma que é um pobre coitado e não tem chance? Porque, ao final da obra, Woyzeck mata a mulher a quem amava e que o enganou, induzida pelos poderosos, e, depois, enlouquecido de dor, suicida-se. O desfecho comprova as palavras dos diálogos.

Ora, como se produzirá o fenômeno da determinação do ponto de vista da narração feita pela câmera? Quem, numa telenovela, carrega o ponto de vista? Quem é (existirá?) a personagem porta-voz do autor, na teleficção?

Podemos, inicialmente, desfazer-nos da dificuldade no que tange ao unitário e ao seriado; nesses dois casos, como já se disse muitas vezes, vigoram, adaptadas, as regras do teatro, pelo menos nessa questão. Por outro lado, e apenas para essa finalidade, podemos colocar lado a lado a minissérie e a telenovela e tratá-las como parentes próximas que são.

Mais uma vez se poderá dizer que o ponto de vista do autor vai emergir do conjunto da obra, menor, no caso da minissérie, maior e perigosamente complicado, no caso da telenovela.

Claro está que falamos dos melhores exemplos possíveis de telenovela ou, pelo menos, daqueles que mantêm certa coerência de ideias. No caso, por exemplo, de *Roque Santeiro*, telenovela de Dias Gomes e Aguinaldo Silva, recentemente eleita em pesquisa jornalística a melhor telenovela brasileira de todos os tempos, surgia claramente de todo o conjunto da obra a, digamos, *ideia central*: o fanatismo religioso pode servir para explorar pessoas desavisadas.

Tal ideia central surgia mais do conjunto da obra, avaliável somente quando completada, do que de alguma fala ou de alguma personagem. É possível que, em determinado momento da obra, em seus seis meses de duração, alguma personagem tenha dito ou veiculado alguma fala que resumisse esse ponto de vista. Mas o evoluir das ações, o resultado delas, suas consequências eram o que daria o desenho completo do conjunto.

Se, por exemplo, a personagem Viúva Porcina podia, ao final, ter optado por um ou por outro dos seus amantes – e sabe-se que, por razões ligadas ao caráter aberto da telenovela e, ainda, à necessidade de manter a atenção do público, foram gravados, de fato, dois finais possíveis para a obra – isso apenas quer dizer que, para o autor, *tanto fazia que ela optasse por um ou por outro, já que não era essa a mensagem principal do seu trabalho*. O autor queria, de fato, escrever uma telenovela que explorasse as questões relativas ao fanatismo religioso, ao endeusamento imprudente para fins de ufanismo primário, à nossa pobre necessidade de um herói. Isso era e foi o mais importante.

No entanto, e dadas as dimensões amplas da telenovela, pode acontecer que, no decurso dos capítulos, algumas posições, digamos, secundárias, do autor, apareçam, emergindo do conjunto. Assim, uma telenovela que trata de um problema amoroso e apresenta uma história policial, de crime, com seus mistérios e culpados possíveis – A Próxima Vítima, de Silvio de Abreu, por exemplo –, pode, paralelamente, apresentar entre suas subtramas a que enfoca uma família de negros de classe média, procurando, com isso, mostrar a vida normal e respeitável do negro brasileiro, fora do lugar-comum do delinquente, do músico popular, da empregada doméstica ou do jogador de futebol.

A subtrama específica, portanto, tratará de ligar essas personagens ao conjunto da obra: um dos rapazes negros terá alguns namoros, inclusive com uma mulher branca e mais velha; a moça negra se envolverá com um rapaz branco, e todos os problemas relativos ao preconceito acabarão por surgir. Um dos rapazes negros se envolverá com outro rapaz, branco, mesclando aí o problema de dois preconceitos: o de raça e o que diz respeito ao homossexualismo. E outros enredos surgirão, envolvendo a mãe e o pai da família.

É a posição total do autor, no que tange a esses problemas, que nos vai dar sua ideologia, seus pensamentos e sentimentos relativamente a essas questões. É a solução que ele dará às complicações surgidas que resultará como mensagem, ao fim da história.

Na novela Pedra Sobre Pedra, também de Aguinaldo Silva, surgiu para discussão o momento do trabalho em que uma personagem, Gioconda, apresentada como uma velha beata fanática e ridícula, insurge-se contra um padre negro, recém-empossado na paróquia, acusando-o com palavras insultuosas em reunião de paroquianas e demonstrando seu preconceito racista e moralismo retrógrado.

Ora, não parece lícito supor que o ponto de vista de Gioconda representasse a posição do autor: em primeiro lugar,

Gioconda é apresentada com características negativas, ridículas. Ela é claramente colocada como a personagem-vilã (ou uma delas), e vem a ser, posteriormente, castigada por sua conduta. Nesse caso, a criação de uma personagem negativa, que tem conduta condenável, é um direito do autor de uma obra de ficção, veja-se o exemplo ilustre de Gustave Flaubert. Se ao autor fosse vedada a criação de vilões, as obras de ficção estariam mal, condenadas a uma mesmice angelical.

Poder-se-ia argumentar, por outro lado, com o procedimento da personagem-vítima, no caso o próprio padre negro, repudiado pela matrona racista, que não adota atitudes combativas e limita-se a defender-se com uma postura cristã de oferecer a outra face à bofetada.

Novamente aqui cabe a defesa: essa foi a escolha do autor, que preferiu criar uma personagem provavelmente afetada por uma vida inteira de discriminação, personagem que, com certeza, introjetou o racismo da sociedade e, agora, tem dificuldades em afirmar-se como ser humano e como pastor de almas. Seria vetado ao dramaturgo criar um caráter assim? Até onde vai a liberdade de criação do autor? Por quais boas razões deve ele, sistematicamente, criar personagens-padrão, exemplares da negritude combativa, ou de quaisquer outros comportamentos que interessem à nossa posição ideológica? Suponhamos que, em uma história imaginária, devamos ter um criminoso a ser identificado no final, e esse criminoso, dentro dos planos do escritor, seja um judeu, ou um oriental, ou um homossexual. Deverá o dramaturgo mudar (artificialmente) seus planos, optar por uma personagem-criminosa tão vulgar e amorfa que não ofenda a nenhuma minoria, raça ou categoria social? E se, por acaso, o criminoso for uma mulher? Deverão as mulheres sentir-se atingidas por essa escolha?

É claro, e o sabemos muito bem, que o influxo que exerce a telenovela sobre os espectadores mais desavisados é brutal; sabemos que a confusão entre ficção e realidade – de resto já mencionada – pode influenciar negativamente os espíritos menos preparados para desfazê-la. É nossa obrigação – entendendo por *nossa* a dos escritores, mas também a dos críticos, professores, sociólogos – contribuir para o esclarecimento do público que, assim, ultrapassará mais facilmente a fase em que espectadores davam tiros na tela dos cinemas para salvar a mocinha. Mas, assim como esses tiros não impediram a criação de vilões, não podemos obstar o caminho dos dramaturgos com a nossa ansiedade bem-intencionada.

13. TELENOVELA: OS BONS E OS MAUS

O atual estágio de realização da telenovela brasileira, sem dúvida a mais bem-sucedida produção do gênero, em todo o mundo, carrega consigo, como consequência obrigatória, um aperfeiçoamento continuado da construção dramatúrgica dessa forma de ficção audiovisual.

Não poderia ser de outra maneira: décadas de exercício constante da arte dessa construção, acrescidas do aprimoramento das exigências de um público cativo e atento, que acabou por se tornar perito na arte da decodificação do produto, fizeram com que seus realizadores – autores, diretores, técnicos, atores – cercassem cada vez de mais cuidados a concretização da telenovela.

Às histórias de um romantismo primitivo, que se passavam em lugares e épocas distantes e exóticos, com personagens esquemáticas e nenhuma ligação com o mundo brasileiro, sucederam enredos mais realistas, reconhecíveis pelas pessoas comuns dentro do seu mundo comum, enredos que cobrem, é verdade, quase tão somente a parcela das pessoas que vivem entre a pequena classe média e o universo dos milionários; mas que, de qualquer forma, tocam, ainda que às vezes ligeiramente, um mundo real de carências, vícios e miséria.

A construção das personagens aperfeiçoou-se também; procura-se criar caracteres que tenham raízes na realidade, que sejam verossímeis e que, evoluindo ao longo da longa história, conservem em sua trama o mínimo de coerência desejável.

Deve-se conceder, no entanto, que os principais problemas de criação dramatúrgica dessa longa história *aberta* – sobre a qual, às vezes, nem mesmo o autor (e muito menos os atores) tem pleno domínio – recaem, exatamente, sobre a criação das personagens.

Já se tem falado profusamente sobre as origens da telenovela tal como se apresenta nos nossos dias e no nosso país; no entanto, nunca é demais voltar a refrescar a memória. Originária da narrativa oral, fragmentada, aventurosa, cheia de imaginação, repetitiva, nem sempre coerente, a telenovela vem carregando na sua história as virtudes e os vícios da novela literária, do folhetim, publicado em jornais do século passado, do teatro de todos os tempos, do melodrama e, ultimamente, do rádio, da fotonovela, das histórias em quadrinhos, do cinema e sabe-se lá de quantas fontes mais.

E dessas fontes múltiplas a telenovela traz características, virtudes, mas também, e obviamente, vícios. Vejamos o que dizem alguns estudiosos sobre essas fontes:

> O melodrama é o gênero mais convencional, esquemático e artificioso que se possa imaginar; mantém um cânon no qual dificilmente podem ter entrada os novos elementos, encontrados de maneira espontânea e natural. Manifesta uma estrutura tripartida estrita, com um vigoroso antagonismo como situação inicial, uma colisão violenta e um desenlace que representa o triunfo da virtude e o castigo do vício; em suma, uma ação muito clara e desenvolvida com muita economia, com a primazia da fábula sobre os caracteres, com figuras tópicas, como o herói, a inocência perseguida, o vilão, e a personagem cômica.

Essa citação de Arnold Hauser, em nossa tradução, extraída de *Historia Social de la Literatura y el Arte*, dá-nos uma visão bastante crua do melodrama, um dos pontos de partida, como ficou dito, da telenovela latino-americana atual.

O que aqui nos interessa mais, dessa citação, são exatamente as personagens, *tópicas*, como explica o autor: o herói, a vítima inocente, o vilão, a personagem cômica, entre outros, naturalmente, que não são citados: mas o que seria uma personagem tópica?

Pode-se dizer, ainda seguindo os mestres, que tópica é a personagem estereotipada. Aquelas que, segundo Patrice Pavis, em seu *Dicionário de Teatro*:

falam ou agem segundo um esquema conhecido com anterioridade e repetitivo. Não têm a menor liberdade pessoal de ação, são unicamente instrumentos rudimentares do autor [...]. Em geral, as obras com personagens e ações estereotipadas são pouco interessantes do ponto de vista da originalidade dramática e da análise psicológica.

Se nos detivermos um pouco mais na pesquisa das atuais personagens da telenovela, veremos que, de fato, em algumas delas (e não em todas) o que falta é, exatamente, a análise psicológica. A isso voltaremos, inclusive com exemplos; mas fiquemos, por enquanto, na busca de algumas definições.

Poderíamos supor, por outro lado, que o caso aqui não é exatamente de estereótipos, mas sim de *tipos*. A que corresponderia essa nomenclatura?

Novamente com Patrice Pavis, na obra citada, vemos que o tipo é uma

personagem convencional que possui características físicas, psicológicas ou morais conhecidas de antemão pelo público e estabelecidas pela tradição literária. [...] Este termo difere um tanto do *estereótipo*: o tipo não possui nem a banalidade, nem a superficialidade, nem o caráter repetitivo deste [...] O tipo é unicamente a abstração de caracteres.

Parece que aqui estamos, finalmente, falando muito mais de *tipos* que de *estereótipos*, quando nos referimos a certas personagens de telenovela. O tipo, na telenovela, é um ser construído para representar um papel padrão, cumprir uma função anteriormente designada pelo autor, mesmo que isso seja feito às custas de uma caracterização superficial, contraditória, cheia de vácuos e de incongruências. Não interessa muito ao autor *psicologizar*, tentar construir um ser em cuja vida passada, características morais e físicas, experiências, agruras, perdas, sofrimentos, se encontrem as raízes do comportamento atual.

Examinemos, por exemplo, e com perdão da comparação, certas personagens deste grande introdutor da psicologia na caracterização teatral que foi Shakespeare: se nos detivermos, por exemplo, a estudar a figura do príncipe Hamlet, veremos que estamos diante de:

1. Um homem moço;
2. Um príncipe;
3. Um príncipe moço e apaixonado;
4. Um príncipe moço e apaixonado que adora ler, gosta de filosofia e poesia;
5. Um príncipe que ama e respeita a seus pais;
6. Um homem pacífico.

Esse moço é colocado frente a uma situação-limite: seu pai foi assassinado pelo irmão, que mantém uma relação adúltera com a rainha-mãe e pretende o trono do morto. A jovem que o príncipe ama é filha de um servidor da corte, que toma o partido dos poderosos atuais. O pai morto ordena ao filho que se vingue.

As condições físicas, psicológicas, sociais e morais do príncipe Hamlet o levam a agir como age: mata o pai de sua amada, leva-a ao suicídio por negar-se a ela, mata os culpados e morre.

Em outro exemplo do mesmo grande autor, o que diz respeito à figura de Ricardo III, na peça do mesmo nome, vê-se que:

1. O protagonista é um homem violento, um guerreiro;
2. O protagonista é um homem feio, disforme;
3. Ele foi vítima de uma injustiça que o privou dos seus direitos ao trono.

Dentro do complexo da caracterização do príncipe Ricardo, o que se vê é que um homem, diminuído por sua aparência física, injustiçado segundo os seus critérios e privado do que ele julga serem os seus direitos, reage, para afirmar-se, tentando conquistar todas as mulheres (inclusive e principalmente aquelas que lhe possam trazer benefícios) e lutando para conseguir pelas armas aquilo que ele julga ser de seu direito. Suas ações, ao longo de toda a peça, são decorrência natural daquilo que o autor criou como sua sustentação física e moral. Há uma relação estreita, de causa e efeito, entre a construção da personagem e as ações que ela virá a cumprir.

O mesmo se dá sempre dentro da dramaturgia shakespeariana, com a personagem Otelo; o mouro não agiria como agiu, deixando-se cegar pelos ciúmes, sem razão, e matando aquela a quem ama, se não fosse negro, estrangeiro, e se não se julgasse feio, diferente, menor.

No entanto, como já ficou dito acima, o melodrama sustenta "a primazia da fábula sobre os caracteres"; e mais, com relação ao folhetim:

A novela de folhetim está destinada a um público tão heterogêneo e tão recentemente formado como o melodrama, o *vaudeville*; predominam no gênero os mesmos princípios formais e os mesmos critérios de gosto da cena popular que lhe é contemporânea. Quanto a seu estilo de apresentação, é também decisiva, no folhetim, a preferência pelo exagerado e picante, pelo cru e exótico; os temas mais populares giram em torno dos raptos e adultérios, de atos de violência e crueldade. Aqui também, como no melodrama, os caracteres e a ação são estereotipados e construídos de acordo com um molde fixo.

Que longe estamos do Shakespeare citado! Mas não se pode lutar com a realidade mais largamente estabelecida: a telenovela, como o melodrama e o folhetim, não é feita para personagens cuidadosamente construídas com verossimilhança psicológica e estudos mais aprofundados de caráter. Sua forma transitória (é difícil, por exemplo, argumentar com o telespectador mencionando telenovelas de mais de dez anos de idade, a não ser em casos excepcionais), seu caráter de semi-improvisação, talentosa, às vezes, seu feitio que costuma adaptar-se a exigências de momento, proíbem a construção rigorosa.

Salvo em casos especiais, produtos de um autor mais consciente, continuaremos a ter personagens virtuosas e personagens detestáveis, no sentido moral. Elas são mais facilmente identificáveis, simplificam a empatia ou a rejeição e correspondem à expectativa comum de um mundo onde o bem e o mal usam cores muito distintas.

14. POR QUE TELENOVELA?

Há algum tempo assisti à defesa de uma dissertação na Escola de Comunicações e Artes da Universidade de São Paulo, de autoria de Maria Athaíde Malcher, trabalho que se propunha a estudar o Núcleo de Pesquisa de Telenovela – NPTN, Centro de Estudos existente naquela escola.

A pesquisadora tinha como objetivo examinar a forma como esse laboratório de estudos, que reúne professores e alunos de vários departamentos, contribui para a *legitimação do tema*, para a confirmação da importância de fazer pesquisas sobre uma realidade da ficção dramática e comunicativa nos meios acadêmicos, no campo da universidade.

Faço parte desse Núcleo de Pesquisa e, em grande medida por isso, tenho recebido várias versões de questionários que buscam investigar a importância, a objetividade, a seriedade dos estudos ligados à produção do dramático televisivo seriado: telenovelas, minisséries, seriados em geral, principalmente do ponto de vista da construção do texto, ou seja, do ponto de vista dramatúrgico.

Gostaria de dar, neste texto, uma ideia do que são as perguntas que nos chegam, sempre oriundas de estudantes de comunicação, de investigadores e autores de vários tipos de texto, de graduandos ou pós-graduandos de vários estados do Brasil e até do exterior.

Perguntam-se inicialmente, quase sempre, *por que* se deveria estudar a sério a telenovela. Minha resposta é sempre a mesma, e é simples: essa história parcelada, que se conta aos poucos, com a finalidade de garantir a atenção dos ouvintes, é imemorial. Seguramente, estava nas narrativas orais ao redor do fogo, nas histórias fantásticas de Marco Polo, nos relatos dos contadores em geral, nas *Mil e uma Noites* – quando Xerazade garantia a sua sobrevivência contando histórias que não tinham fim, e nos romances em folhetim, de jornal, nos fascículos. O autor de telenovelas de hoje, como Xerazade, também está ganhando a sua sobrevivência...

Será a telenovela apenas entretenimento? Até mesmo congressos internacionais já foram feitos sobre o tema. Ela é sem dúvida, em boa parte, entretenimento, mas não só isso. Mesmo nos seus piores espécimes (como qualquer gênero literário ou dramático, ela tem momentos bons, medíocres ou de baixa qualidade), a telenovela pode ensinar, despertar a curiosidade, ser provocadora, estimular polêmica, educar no sentido mais amplo. Em certo sentido, mas não predominantemente, a telenovela pode até ser didática, pode incluir campanhas educativas -- o chamado "marketing institucional" do que é exemplo clássico a campanha sobre crianças desaparecidas, levada a efeito em exemplar recente, de autoria de Glória Perez.

Estudar a telenovela na universidade corresponde a procurar entendê-la no seu sentido mais profundo, como fenômeno social e de comunicação, como produto de exportação vitorioso. É tentar saber por que o público em geral (nacional e internacional) se interessa por ela; é tentar contribuir para melhorar a sua qualidade e compreender o seu modo de feitura.

Uma das preocupações que dominam a sociedade pensante do nosso país é a reflexão sobre o possível caráter *alienante* da telenovela. Cabe-nos, portanto, perguntar: a telenovela aliena? – A resposta seria positiva, se entendermos a palavra *alienação* como sinônimo de *diversão*, *lazer*; ao espectador que retorna de seu trabalho, depois de um dia de luta pela vida, enfrentando todas as mazelas da cidade (ou do seu local de vida), a televisão proporciona divertimento, distração, um caminho diferente para seus pensamentos e imagens, que, este sim, se poderia dizer *diversivo*, *portador de diversidade*, *diverso*.

Mas não, a telenovela *não é alienante* se nos dermos conta de que ela nos mostra problemas da atualidade, encena temas locais e universais, cria personagens baseadas nos caracteres dos seres humanos, diferentes, porém, *deste* ser humano realmente existente que conhecemos, facultando-nos a oportunidade de estudar a psicologia de entes de ficção. Ela não pode ser dita alienante se nos abstivermos de supor que a narrativa de uma ação ou a encenação de fatos da vida cotidiana nos induzem a esvaziar nossas próprias possibilidades de ação, num mau entendimento da dramática aristotélica e do fenômeno da catarse.

Aliás, se fosse assim, como poderíamos explicar a existência da radionovela, precursora do assunto que ora tratamos, e até da própria telenovela, em períodos que precederam grandes movimentos sociais, como, por exemplo, a Revolução Cubana? É sabido que, desde o aparecimento do rádio e até os dias de hoje (inclusive e principalmente até 1959), radionovela e telenovela eram um sucesso em Cuba – e conhecemos o fenômeno, sobretudo, pelas notícias que nos chegam de *O Direito de Nascer*, novela original do autor Felix B. Caignet, cubano. Esse folhetim, nascido como radionovela, evoluiu depois para o formato eletrônico e para o cinema, tornando-se um dos maiores sucessos, depois, da telenovela no Brasil. Como se poderia explicar que a capacidade de resistência e de rebeldia de todo um povo tenha resistido aos impactos da telenovela?

E não, enfim, se novamente pensarmos que a ficção, como exercício da imaginação, como voo do pensamento criativo do ser humano, sempre foi necessária na construção complexa de sua vida.

Será que a telenovela *educa*? Sim, num sentido mais amplo da palavra *educação*, mostrando ao público espaços e lugares distintos, tipos humanos variados, conflitos e linhas de ação diversas; mostrando-lhe comportamentos de várias espécies, conflitantes às vezes, falando de profissões variadas, introduzindo a notícia de textos literários, de espetáculos que aparecem inseridos na ficção (peças de teatro, óperas, concertos, salas de exposições, museus etc.). A telenovela é fonte de conhecimento.

Num sentido mais restrito, quando se pensa, inclusive, nos economicamente desfavorecidos, a telenovela raramente esclarece, porque raramente trata de seus problemas tais como são. Argumentam os realizadores que o público não quer ver a problemática do pobre, muito menos a do miserável, o que deve ser verdade. A solução aqui seria, penso eu, fazer o que algumas vezes a novela faz: *anteceder o público*, em vez de ir a seu reboque. Acostumá-lo a encarar também essa realidade, e não apenas a realidade do Leblon ou do Morumbi. Até hoje essa vertente não tem sido explorada, por esta ou aquela razão.

No entanto, o que não se pode exigir da telenovela é que *moralize*, que dê lições de bom comportamento moral, que dê bons exemplos, exemplos de boa conduta, necessariamente – e esta é uma das exigências reiteradas do público que se manifesta através de cartas a jornais e de protestos onde caiba. A telenovela não faz educação religiosa; não é sermão ou catequismo.

É preciso que se note, antes de mais nada, que *telenovela é ficção e não realidade*. A ficção baseia-se no real, mas não está comprometida com a representação documental da realidade. A ficção não pode ser angelical, não pode representar apenas ações edificantes e personagens atentas aos bons costumes. Ela se vale, sempre, de conflitos, e esses conflitos necessitam da polarização, ou seja, precisam de um lado positivo e um negativo. O negativo é representado pelo vilão, e o vilão é, por definição, mau e desprezível. As próprias personagens positivas devem ter, também, defeitos e cometer erros, se quisermos fazê-las verossímeis. Devem ser sujeitos a conflitos internos, portanto.

Se a telenovela pretende representar a realidade e, sobretudo, a realidade atual, é necessário que ela procure *reapresentar* os acontecimentos de sua época e de sua posição social. Por conseguinte, é natural que uma telenovela que se passa no Rio de Janeiro da atualidade apresente cenas localizadas em praias, e jovens mulheres de biquíni. De outra forma, estaria falhando na representação convincente de uma realidade, daquela parte selecionada da realidade que se desejou representar.

Igualmente, e de acordo com o ambiente social em que se desenrole, ela poderá apresentar *situações* de adultério, ou de leviandade sexual, ou mesmo de promiscuidade. Apresentar ou não as *cenas* correspondentes deve ser uma opção do autor, do diretor, e da emissora que transmite o trabalho, opção com certeza condicionada pelo horário de veiculação da obra, tipo de público a que se destina etc.

A argumentação acima é conveniente, porém não cobre, é claro, todos os casos; alguém poderia perguntar: por que escolher situações em que se torne necessário mostrar a praia com seus nus ou em que se torne imprescindível apresentar adúlteros e/ou promíscuos?

Porque no comportamento angelical não há conflitos; na novela *Um Anjo Caiu do Céu*, exibida pela Rede Globo, no horário das 19h15, escolheu-se como protagonista e papel-título um anjo: Rafael. Cabia-lhe a tarefa de acompanhar outra personagem, João Medeiros, em sua jornada para salvar da infelicidade a sua família. Rafael é, como se pode imaginar, muito bom, dotado de superpoderes e cheio das melhores intenções do mundo. Naturalmente, como anjo, não tem conflitos internos.

De que forma poderiam os autores tornar interessante essa figura? Como fazê-la ingressar no universo da ficção sem dar-lhe a totalidade plana e sem profundidade das personagens dos mistérios medievais? Como não torná-la uma simples abstração?

Sabiamente, os autores fizeram com que Rafael se "humanizasse", passasse a ter os desejos, os apetites, as tentações e os conflitos internos de qualquer ser humano. Assim, o seu encantamento com uma menina, o seu desejo de comer pipoca, a sua excitação sexual fizeram-no partilhar do mundo conflituado, polarizado e complexo dos seres humanos. Ele se tornou interessante.

Por que razão, perguntam alguns interlocutores, a novela repete temas e situações, busca sempre a história de amor, inicialmente malsucedida, cheia de obstáculos que parecem intransponíveis, para depois acabar por juntar as personagens amorosas? Por que razão a telenovela parece ter um *modelo*, uma estrutura básica a ser obedecida? Por que razão repete sempre o esquema de filhos à procura de seus pais, vítimas de crimes misteriosos a serem solucionados, personagens pobres e humildes que são redimidas pelo casamento ou por uma fortuna súbita e inesperada?

A telenovela, como é natural, remete-se às suas origens: ela é originária do *folhetim*, um gênero literário *menor*, se assim se pode dizer, caracterizado por acontecimentos melodramáticos, de fácil decodificação. Mas o que seria o *melodrama*?

Era, inicialmente, uma peça musical – ópera, opereta, zarzuela; transformou-se depois numa peça de teatro marcada pela predominância da *ação* sobre a psicologia, com características moralistas, com a intenção assumida de agradar à plateia, de caráter aberto no decorrer da sua construção, isto é, abrindo possibilidades de introdução de novos acontecimentos e novas personagens, tratando sempre da polaridade vício-virtude, condenando o mal e exaltando o bem, embora isso nem sempre significasse a salvação efetiva dos bons virtuosos. Não parece muito semelhante à nossa atual telenovela?

Acrescentando-se a isso a forma do folhetim (entrega parcelada ao público, nos rodapés dos jornais especializados ou, depois, em forma de fascículos; criação efetivamente *em aberto*, ou seja, construção efetivada à medida que o público recebia a telenovela, dependendo, portanto, da aceitação ou rejeição; influência dos acontecimentos reais do dia a dia sobre a ficção e sobre o próprio autor), ou seja, mesclando-se o *narrativo parcelado* do folhetim ao *dramático de caráter romântico* do melodrama, com todo o peso próprio da fotografia e do cinema, temos a série televisiva: lírica-épica-dramática, produção audiovisual.

No entanto, nem todas as telenovelas seguem esse modelo; e é preciso notar que algumas das mais bem-sucedidas fogem deliberadamente a ele.

É o caso, entre outras, de *Beto Rockefeller* e de *Roque Santeiro*, coincidentemente duas novelas em que a personagem principal dá nome ao trabalho.

A primeira novela conta a ascensão de um rapaz pobre através de sua facilidade para entrar em festas de grã-finos e fazer-se passar por um deles. A outra trata de um jovem escultor de imagens de santos, que foi tomado por herói sem sê-lo e que depois fugiu e foi tido por morto.

Em nenhum dos dois casos a história de amor era o móvel das ações. No primeiro, o que o autor queria mostrar era a superficialidade da burguesia, que a todos julgava pela aparência. No segundo, a hipocrisia da sociedade e o mercenarismo da Igreja, que explorava para seu próprio benefício a crença das pessoas humildes. E essas foram duas das novelas brasileiras que mais tiveram influência na evolução do gênero e que maior qualidade de texto mantiveram.

É preciso ter em conta, também, a utilização crescente do humor na realização das telenovelas atuais, seja nos achados dos seus textos, seja na realização propriamente dita, que passa principalmente pelo trabalho de atores e de direção. É bastante expressivo, já hoje, o número de autores que se especializam na coloração humorística, paródica, de seus textos, que procuram deliberadamente o *nonsense* e o absurdo. Basta que se examinem trabalhos de Carlos Lombardi, Aguinaldo Silva, Silvio de Abreu, para que se identifique o tom leve e deliberadamente cômico de algumas telenovelas da última geração, especialmente aquelas que são apresentadas fora do horário principal das 21h00, na Rede Globo. Essa mistura de romanticismo e comédia ligeira dá o tom a muitas realizações da ficção televisiva e tem produzido ótimos exemplares.

Perguntam-nos também, algumas vezes, se ainda existe censura à televisão no Brasil. A resposta é negativa, se a pergunta se referir à censura oficial, como tal reconhecida e assumida, que existiu no tempo da ditadura. É preciso, porém, ter mais cuidado quando se pensa numa censura extraoficial, a censura implícita. Esta é um peso que recai sobre a telenovela e, é claro, pesa mais quando se está tentando tratar de algum assunto polêmico, algum problema de fundo social, reivindicatório.

No entanto, parece-me um equívoco desvincular essa censura do público da telenovela. Em última instância, censura também é público. A censura hoje existente emana de uma parte do público, a parte, digamos, mais qualificada; são as várias igrejas, as sociedades conservadoras, os segmentos moralistas da população, militares, policiais e outros semelhantes. Esse público (ou sua ausência) motiva os patrocinadores, comerciantes que são, parte de uma sociedade capitalista. Se existisse um empenho contrário ao moralismo, ao conservadorismo, por parte da audiência, as emissoras de televisão, que se pautam normalmente pelo número de ouvintes, seriam obrigadas a abrir caminho para mensagens mais revolucionárias, para maior audácia nos conteúdos.

O teor das perguntas apresentadas (aqui implícitas) e o teor das respostas que suscitam dão uma ideia do que representa, na prática, o fenômeno da telenovela e da importância de um grupo de professores universitários que tenta estudá-la. O Núcleo de Pesquisa de Telenovela da ECA/USP acredita nessa importância e na seriedade do seu ponto de partida. É em consequência disso que nos temos atrevido a discutir a dramaturgia televisiva, como um novo caminho para o aperfeiçoamento de uma produção que tem atingido, em certos momentos, altos níveis de qualidade, chegando até – por que não? – ao *status* de obra de arte.

15. FINALMENTE...

Com o evoluir do pensamento crítico que enfoca a literatura, o teatro, o cinema e a televisão; com a ampliação dos campos de pesquisa e dos instrumentos de investigação, cada vez mais voltados para o fenômeno estético em si; com o aperfeiçoamento de métodos de análise que privilegiam a linguagem, a morfologia, a estrutura e o sistema de signos, o fenômeno teleficcional se torna, cada vez mais, um objeto de estudo passível de aprofundamento, e cada vez menos, um acontecimento empírico fatal, um algo que *está aí* e basta-se a si mesmo.

Até o relativo menosprezo, o indisfarçado preconceito que cercava, durante décadas, a produção televisiva (como antes acontecera com o cinema, aliás) começou a ceder nas suas hostes mais resistentes: as universidades, a chamada intelectualidade, os literatos e a crítica erudita.

O êxito popular dos programas de televisão, o crescimento evidente do seu público e a coincidência que se estabeleceu entre o conforto da imagem servida em casa e o visível desconforto do deslocamento em cidades cada vez maiores e mais hostis (veja-se o sucesso das TVs a cabo, por assinatura, *pay-per-view*, por satélite e outras), tudo isso nos leva, nos dias de hoje, a repensar o papel da teledramaturgia.

Nos últimos anos, a Universidade de São Paulo realizou encontros científicos de caráter internacional, todos eles voltados para a teleficção; encontro semelhante, oriundo do primeiro deles aqui sediado, aconteceu em Cuba, no *campus* da Universidad de la Habana, em 1990.

Já se contam às dezenas as teses universitárias, no Brasil ou fora dele, que têm como assunto a telenovela brasileira. Já existe, novamente na usp, um Núcleo de Estudos de Telenovela. Já é considerável a bibliografia especializada. Já é grande o número de críticos da teledramaturgia, como é expressivo o número de escritores consagrados que, embora o façam eventualmente, escrevem sobre temas da telenovela brasileira em jornais e revistas.

Folheando o utilíssimo volume *Telenovela Brasileira: Memória*, de Ismael Fernandes, colaboração de Mauro Alencar – o primeiro patrono, o segundo membro do *Núcleo*, verificamos que, em toda a história da telenovela brasileira, surgem, como seus autores, escritores consagrados, cuja experiência nessa área pouca gente conhece.

Vejam-se estes nomes: Nelson Rodrigues (1964), Roberto Freire (1964), Carlos Heitor Cony (1965), Oduvaldo Vianna (1965), Osman Lins (1965), Marcos Rey (1967), Gianfrancesco Guarnieri (1968), Maria Clara Machado (1973), Leilah Assunção (1973), Jorge Andrade (1974), Mario Prata (1976), Carlos Queiroz Telles (1976). A essa lista devem-se acrescentar os nomes de autores que, às vezes, oriundos de outros gêneros, tornaram-se figuras consagradas na TV: Dias Gomes, Walter George Durst, Lauro César Muniz, Bráulio Pedroso, Cassiano Gabus Mendes, Janete Clair, Ivani Ribeiro, Walter Negrão, Gilberto Braga, Benedito Rui Barbosa, Manoel Carlos, Carlos Lombardi, Silvio

Anúncio de O Julgamento, *telenovela de Renata Pallottini e Carlos Queiroz Telles, de 1976, com elenco de estrelas da TV Tupi. Arquivo pessoal*

de Abreu, Wilson Aguiar Filho, Agnaldo Silva (e pode ser que tenha esquecido algum escritor digno dessa menção. Até eu, humilde poeta, fiz televisão!).

A lista primeira é surpreendente; quem poderia supor que Osman Lins, Nelson Rodrigues e Carlos Heitor Cony tivessem escrito telenovela? Decerto o fizeram atraídos pelas boas condições de trabalho – leia-se bons pagamentos – que, num momento em que a literatura escrita remunerava mal, eram bem-vindos. Mas também, seguramente, eram atraídos pelo novo gênero, pelo desafio, pela certeza de que estavam encarando, olhando nos olhos, milhões de telespectadores e que aquela nova espécie de folhetim era tão digna deles como a anterior, do século passado, fora digna de Dumas, Balzac, Machado de Assis. Posso afiançar que, pelo menos, foi isso o que me atraiu.

Os estudos especializados sobre a recepção; a atenção com que a sociologia e a antropologia se dedicam a observar as modificações sofridas pelo público; o cuidado com que parcelas da ciência literária estudam o problema da transliteração, da eficácia das linguagens e do papel de difusão da literatura desempenhado pela TV; a observação de estudiosos preocupados com a evolução dos temas e sua nacionalização e até as restrições ásperas apresentadas por alguns críticos respeitáveis nos fazem pensar que estudar a teleficção em seus vários aspectos – dos quais a dramaturgia emerge – é atividade, além de apaixonante, oportuna e proveitosa.

Já nos perguntamos a sério se televisão é arte; discutimos, às vezes acirradamente, sobre a possibilidade do trabalho autoral em TV; afirma-se e nega-se a dignidade do texto, da interpretação, da direção, da técnica, de luz, som, máscaras, cenografia, fotografia, em telenovela.

A verdade é que a telenovela – e o unitário, a minissérie, o seriado e outras formas havidas e por haver – existem, persistem, já são exportadas, importadas, reprisadas, analisadas, dubladas, legendadas; são motivo de material jornalístico, de debates parlamentares, de discussões domésticas. Um famoso seriado brasileiro, *Malu Mulher,* mudou o comportamento em vários países onde foi visto; uma famosa telenovela cubana, *O Direito de Nascer*, invadiu a América com sua história de época, sentimental e evocadora; outra, brasileira, *A Escrava Isaura,* fez sucesso na China, atrasou voos comerciais na América Latina, emocionou na Europa. Por quê?

O escritor apresenta o seu texto, uma síntese de tudo o que, em matéria de eleição e opção, conseguiu realizar, a partir de uma proposta estética, feita para atingir um objetivo. O diretor faz e propõe sua própria análise, proporá uma síntese de tudo o que até então foi produzido. Essa proposta de síntese é encaminhada a um produtor e a um diretor de arte; ambos farão, então, suas próprias análises. O primeiro, no sentido de realizar um trabalho de *desmonte* do texto para fins de produção, cuidando de buscar locais próprios para a preparação e realização do espetáculo (a ser transmitido ou gravado). O diretor de arte cuidará de sua própria análise, que incluirá a preparação (por profissionais especializados) de cenografia, ambientação, indumentária, maquiagem, construção de *sets*. Dessa última análise, enfim, resultará o trabalho de especialistas que farão sua própria síntese final, o programa realizado.

Essa inter-relação dialética de análise-síntese é o que deve tornar um programa de ficção de televisão algo vivo, dinâmico e criativo, bem distante daquilo que leigos desavisados podem supor como uma improvisação descuidada.

Existem, é claro, sobre o tema ficção pela TV, assuntos que ainda estão pedindo para ser tratados: a questão do feio na televisão, que empata com o problema do grotesco e o simplesmente malfeito; o tema das adaptações, da transliteração, com suas consequências no que tange à literatura universal; a questão do sucesso internacional de certas criações televisivas, que demandariam uma pesquisa de caráter parcialmente sociológico para explicar, por exemplo, por que uma sociedade socialista revolucionária pode encantar-se com uma telenovela burguesa reacionária etc. No entanto, essas e outras questões não cabem aqui. Por ora, cremos que bastante já foi dito na direção que nos propúnhamos, que era tentar aprofundar temas referentes à estrutura das histórias contadas e mostradas na televisão.

No entanto, é impossível deixar passar a oportunidade para refletir, ainda que brevemente, sobre a influência que a tela e sua luz exercem sobre a população pobre, ignorante, analfabeta, desprotegida e maltratada, como é a brasileira, em parte ponderável e neste momento de sua história.

Não por acaso escolhemos Umberto Eco para a epígrafe inicial e vamos repeti-la: "Uma civilização democrática só se salvará se fizer da linguagem da imagem um estímulo à reflexão crítica, não um convite à hipnose".

É ainda Eco que, no mesmo *Apocalípticos e Integrados*, enfatiza a existência de várias possibilidades de comportamento e atitude do telespectador. Assim, segundo pesquisa por ele citada, um indivíduo diante da TV pode ir desde o total distanciamento crítico à hipnose, passando pelo juízo crítico que acompanha a fruição (ou seja, o prazer, a adesão), pela evasão irresponsável, pela participação total, até chegar ao fascínio, agravado em casos extremos pela hipnose e transformado num caso patológico.

Parece que a atitude crítica que, no que se refere a conhecimento e evolução, seria a mais desejável é, ao contrário, a mais rara; a mais frequente é, na verdade, a da aceitação passiva, que, por sua vez, conduz à projeção: o espectador tenderia a ver, na mensagem recebida, exatamente aquilo que, de antemão, quer ver.

Não é preciso elucubrar muito para notar que, nos dias que correm e no Brasil que temos, o indivíduo mais desavisado – que é, por coincidência, o que mais vê televisão – é de tal maneira agredido por uma realidade hostil, violenta em todos os níveis, perigosa e negativa, que o resultado para ele parece fatal: o telespectador procura na TV (e em especial na parcela da emissão televisiva de que falamos, a ficcional) projeção, evasão.

Consequentemente, é também fatal que a televisão seja manipulada em termos conservadores para garantir a ordem estabelecida, os gostos da classe dominante, da moral vigente.

No entanto, a ficção televisiva não é criada por robôs, mas sim por seres humanos, por escritores especializados, por técnicos e artistas, atores, autores que pensam e evoluem. A história da nossa TV está repleta de fenômenos de resistência, de artistas sacrificados pela máquina e que perdem, hesitam e depois voltam à carga; de autores que introduzem sub-repticiamente no discurso conservador do conjunto as suas palavras de rompimento e novidade.

São essas pessoas que fazem caminhar o mundo; talvez não se possa ver, a pequena distância, o resultado de seus esforços; mas uma personagem aqui, uma denúncia ali, uma ousadia formal, um momento de humor agressivo, e o conjunto evolui, a despeito das patrulhas e dos interesses.

É pensando nessas pessoas que continuamos acreditando na reflexão crítica, também em televisão e em ficção televisiva. E é pensando nisso que continuamos acreditando que pensar a dramaturgia para televisão também ajudará na evolução paulatina desse fenômeno.

Se fizermos uma revisão nos temas dos capítulos deste livro, veremos que ele começa tratando da natureza da ficção televisiva, passa pelo unitário, pelo seriado e pela minissérie, e entra depois no estudo da estrutura da telenovela.

Nesse assunto – a telenovela – o livro trata das tramas e subtramas, discorre sobre a natureza e a importância da publicidade que permeia a teleficção, os primeiros segmentos da história, o capítulo e suas características, a micro e a macroestruturas.

Passa depois a falar da ficção televisiva em geral, o tempo e a personagem na TV, e finaliza com um pequeno estudo sobre a câmera na sua função de narrador e sobre o narrador enquanto porta-voz da ideologia autoral.

À primeira vista, pode-se ter a impressão de que nos detivemos demais no estudo da telenovela, privilegiando esse gênero em detrimento dos demais.

Acontece que, de fato, a telenovela chama para si mais atenção, não só por ser a mais popular e expressiva no que diz respeito à quantidade de produções de ficção em TV, mas também porque é, por suas próprias características, estruturalmente mais complexa. De proporções gigantescas, enfocando grande quantidade de assuntos, de histórias e personagens, ela complica seus conflitos, multiplica suas ações, diversifica suas tramas. Seu caráter *aberto* a torna ainda mais imprevisível e, por isso, mais elaborada.

Que ela não seja sempre primorosa, bem-sucedida, nesse e em outros sentidos, é indiscutível. Estudar a telenovela não é o mesmo que louvá-la. Não se discute que ela repete seus temas, problemas e soluções. Igualmente é bastante claro que a telenovela, de um modo geral, busca manter os padrões vigentes, respeita a moral convencional, aceita a hegemonia dos poderosos. Se assim não fosse, aliás, dificilmente seria veiculada na televisão comercial. Mas não se pode esquecer que há exceções.

Não se trata aqui, portanto, de fazer a apologia das telenovelas, mas de enfocar as características de construção de um programa que, há muitos anos, ocupa as noites de, no mínimo, metade do público televisivo brasileiro – e da América Latina.

Por outro lado, deve-se notar que muitas das observações que foram feitas neste trabalho, e que se referem diretamente à telenovela, podem ser aproveitadas também nos outros gêneros de ficção. Tudo o que se disse sobre a estrutura do capítulo aplica-se à minissérie, ao episódio de seriado e, em termos, ao unitário. Naturalmente, as observações com respeito à criação de personagens é aplicável a qualquer gênero, bem como as que se referem ao andamento, ao ritmo, à modulação e a outros problemas de tempo na TV.

Escrever histórias para a televisão é uma tarefa entre as muitas que podem interessar ao escritor. Este deve ser capaz de dimensionar seu trabalho de acordo com a demanda, com seu interesse, seus propósitos e seu momento. O resto é problema de técnica, que pode ser adquirida.

Outra questão que frequentemente se refere a quem escreve sobre dramaturgia diz respeito ao conteúdo e, no caso, ao conteúdo dos programas de ficção televisiva. Esse conteúdo, mais especificamente o das telenovelas, tem sido considerado superficial, preconceituoso, politicamente reacionário, repetitivo, melodramático, maniqueísta, vazio, colonizado, absurdo, ou tudo isso junto.

Sem entrarmos no mérito da questão, devemos considerar que a abordagem desse tema implicaria outra pesquisa, outras ponderações, outro objetivo, enfim, que não o deste livro. Não pretendemos fazer uma análise do que se veicula em ficção televisiva, mas sim de *como* os conteúdos podem melhor servir-se do veículo.

Fica claro, por outro lado, que conteúdos conservadores não estão umbilicalmente ligados ao modelo da telenovela, quando observamos o fenômeno da telenovela cubana.

É notório que Cuba foi, no continente americano, uma das poucas nações a viver, neste século, uma revolução digna do nome. No entanto, a televisão cubana vem produzindo, sistematicamente, pelo menos uma telenovela por ano, tendo sido a responsável pela criação de exemplares de boa qualidade e boa aceitação nacional, a par de outros malsucedidos – como acontece em qualquer lugar.

Ora, não se poderia esperar que esses trabalhos fossem de conteúdo reacionário, deseducativo, antissocial. E não o são, de fato. Podem ser até maniqueístas e melodramáticos, a seu modo. É apenas uma questão de saber onde se coloca o bem e o mal, quando mudam os conceitos políticos.

É também curioso notar a boa aceitação que a novela brasileira tem em Cuba. Sem dúvida, o público cubano não a considera repetitiva, vazia, colonizada. Ou talvez goste dela apesar disso.

Também se equivocam as pessoas que supõem que falar sobre o drama em TV é falar sobre a Rede Globo. Não é assim. O assunto que aqui tratamos diz respeito aos pioneiros *TV de Vanguarda*, *TV de Comédia* e *Grande Teatro Tupi*, da extinta TV Tupi; ao *Teatro 9*, da também extinta TV Excelsior; aos *Teleconto* e *Telerromance* da TV Cultura; às produções da TV Bandeirantes e da TV Manchete, algumas delas muito bem-sucedidas; aos unitários, aos teleteatros, às minisséries e aos seriados de todas as emissoras de São Paulo e Rio de Janeiro. O fato de, neste momento, ser a Rede Globo ainda a maior emissora a produzir teleficção no Brasil e também líder de audiência no país, mostra que ela merece os estudos que se tem feito a respeito. Tudo isso é verdade. E é verdade também que a TV Globo não poderia produzir os programas que produz se outras emissoras não tivessem aberto o caminho.

Quem escreve sobre televisão no Brasil não está louvando a Rede Globo nem aplaudindo irrestritamente os temas, tratamentos e assuntos da ficção por TV. Está apenas examinando um produto de boa feitura, de grande consumo nacional e internacional e que, se bem conhecido e aperfeiçoado, poderá ser dominado pelo artista em vez de dominá-lo. Esse instrumento está à nossa disposição. Cabe a nós saber utilizá-lo.

16. DRAMATURGIA DE TELEVISÃO: OS DEZ MANDAMENTOS DO NOVELEIRO

Uma longa trajetória de estudante de dramaturgia, de dramaturga e escritora de textos para TV, aliada a uma constante aceitação, apreciação e pesquisa de programas de ficção televisiva, me levam a redigir, um pouco por brincadeira e muito a sério um *Decálogo do Noveleiro*, entendendo-se por *noveleiro* o atual, triunfante e indispensável autor da telenovela brasileira.

Assim, os mandamentos seriam:

1. Construirás muito bem os teus protagonistas.

Sabemos que, historicamente, e a partir da origem grega, entende-se por *protagonista* a personagem que desempenha o principal papel na ação dramática do texto. Ao sentido inicial, acrescentou-se um entendimento plural, fazendo com que se pudesse aceitar a existência de um mais amplo número de protagonistas. Eles seriam hoje, portanto, as personagens mais importantes da história, os condutores do drama e da trama, em termos de ações, de conflitos e de diálogo.

Como tal, aparecem mais vezes, agem mais, falam mais e carregam consigo a maior parte das chaves que resolverão os problemas propostos. É preciso que sejam estruturalmente sólidos, bem apresentados, coerentes, ativos; que sejam internamente conflituados, mas de forma que os conflitos sejam, eles mesmos, coerentes; e que, por consequência, dominem a cena, sejam carismáticos e tenham personalidade.

Ao dramaturgo cabe imaginar a história como algo que depende visceralmente dos seus protagonistas. É a eles que compete modificar o curso da ação, inovar na história, propor surpresas e resolvê-las, fazer aparecerem as novidades no texto, em termos de informação, deliberação e, por consequência, de *ação*.

É de se imaginar que um trabalho, por definição alongado, feito para estar em cartaz seis meses ou mais, pode trazer ao dramaturgo a obrigação de encarar uma possível mudança de rumo de suas personagens. Será possível que alguém que começou como protagonista, aos poucos se transforme em mero figurante e, até, desapareça de cena? É possível e já aconteceu. Essa é uma das diferenças fundamentais entre escrever uma peça de teatro e um texto televisivo.

Até mesmo dentro do veículo televisão, certos subgêneros (a minissérie, por exemplo) dão ao autor mais segurança e estabilidade na construção de suas personagens.

As qualidades exigidas para os protagonistas, obviamente, devem contagiar o ator/atriz que os representa, pois um depende do outro. Estamos falando de um texto representado, de um roteiro efetivamente levado à tela, de um programa de televisão. Voltaremos, no entanto, a falar de interpretação de ator.

2. Criarás, para enfrentá-los, antagonistas de igual peso.

Antagonistas são as personagens criadas para enfrentar os protagonistas, no bojo do conflito. Agem em direção contrária à direção tomada pelos protagonistas e procuram, quase sempre, alcançar o mesmo objetivo ou impedir que a personagem principal o atinja. Devem estar constituídas de forma semelhante à dos protagonistas, com o mesmo cuidado na sua criação e condução, a qual, aliás, no longo percurso da telenovela, sempre encontra problemas e percalços.

Ora, um dos principais defeitos que podem ocorrer na criação da personagem antagonista é fazê-la ser *mais fraca, menos capaz, menos ativa, menos interessante*. Diminui-se, assim, a força do conflito. Desde logo, o espectador verá que o antagonista não tem chances de vitória. Um dos bons exemplos de criação de protagonista e de antagonista, em telenovela, aconteceu em *Roque Santeiro*. Considerando-se protagonista (e antagonista, conforme o ponto de vista) o próprio Roque e Sinhozinho Malta, e o objeto desejado, pomo da discórdia e do conflito, a Viúva Porcina, vê-se que, de tal maneira, a disputa apresenta-se equilibrada, que houve a possibilidade real de se gravarem dois finais diferentes para a história, ambos verossímeis e convincentes. Era o sinal do equilíbrio de forças que deve sempre existir entre protagonista e antagonista.

É de se notar que, no caso estudado, houve um claro *desvio do conflito principal*; inicialmente, aquilo que parecia conduzir as ações era a dúvida sobre o heroísmo do protagonista, Roque Santeiro. A lenda dizia que Roque havia sido morto ao defender a igreja e a cidade de um bandido assaltante. Quando, anos mais tarde, Roque volta a Asa Branca, vivo, portanto, destrói-se a lenda de seu heroísmo; coloca-se então o conflito principal: Roque era um herói ou simplesmente um charlatão?

Obedecendo, claramente, a exigências do gênero, os autores acabaram por colocar a Viúva Porcina como o principal objetivo desejado pelos protagonistas, Roque Santeiro e Sinhozinho Malta. Houve aí, inclusive, um *contágio* entre atores e personagens, José Wilker e Lima Duarte apossando-se do interesse do público e da sua audiência.

3. *Arquitetarás tua história principal como um tronco de árvore.*

Muita gente da nossa área de criação e pesquisa já deve conhecer minha outra brincadeira séria, que é a de uma árvore frondosa como a representação figurativa de uma telenovela. Isso vem desde 1998, quando foi lançada a primeira edição desta *Dramaturgia de Televisão*. Aí, ao lado da conhecida figura circular que repetidamente se tem usado como representação da estrutura dramática teatral, eu usava a figura da árvore para simular o arcabouço de uma telenovela.

Não conhecia, a essa época, a teoria de Gilles Deleuze e Felix Guattari, à qual cheguei através de João Carrascoza e Juliana de Assis Furtado. Pelo o que me foi dado perceber, na leitura da citação – não li a obra original –, a estrutura obra-árvore corresponderia a um modelo conservador, autoritário, hierárquico. Vejamos, no texto do artigo acima citado:

> Em *Mil Platôs: Capitalismo e Esquizofrenia*, Gilles Deleuze e Felix Guattari, refletindo especificamente sobre a cultura livresca, diferenciam o livro-raiz, que segue uma lógica binária e não admite multiplicidade, do livro-rizoma, que, como haste subterrânea, tem nele mesmo formas muito diversas, desde sua extensão superficial, ramificada em todos os sentidos, até suas concreções em bulbos e tubérculos[1].

Os mesmos autores do artigo citado, seguindo os criadores da teoria, estendem a sua abrangência a outros campos

---

1. Rebelde: Estratégia Metodológica de Rizoma e Tática Discursiva de Árvore, *Comunicação e Educação*, São Paulo, v. 12, dez. 2007, p. 83.

do pensamento e, curiosamente (sempre seguindo o pensamento original), terminam por concluir que o modelo arborescente predomina no pensamento europeu, ao passo que, na América, aparece mais o modelo rizomático.

E, como consequência dessas premissas, os autores do artigo terminam por exemplificar com uma telenovela de origem argentina, *Rebelde Way*, que foi ao ar entre 2002 e 2004, depois vendida à Televisa mexicana, por meio da qual entrou no Brasil em 2005, prosseguindo seu caminho triunfante, agora chamada simplesmente *Rebelde*.

Esta telenovela – como está exposto, aliás, no título do trabalho – teria uma estratégia mercadológica de rizoma, mas uma tática discursiva de árvore.

Ou seja: enquanto o "faz de conta" da novela é pasteurizado, conservador e cheio de clichês – o que não é de estranhar, dada a sua origem,

Rebelde [...] desenvolve-se em platôs que se intercomunicam [...]. A telenovela cresce por si mesma, embora divulgue o RBD; o RBD faz *shows*, ocupando um espaço no mercado de *show business*, sem se descolar da telenovela, mas também sem ser caudatário dela. Assim, os platôs se ligam, plugam-se[2].

Está, portanto, exposta, e muito bem exposta, a tese de que uma telenovela pode ser, no plano narrativo, pueril, enquanto, estruturalmente, adquire características de "rebeldia" verdadeira.

É de se pensar se todas as telenovelas se adaptariam a esse esquema, ou apenas as *latinas* (supondo que nós não fôssemos latinos, o que é uma bobagem, mas apenas para entender-nos). Estamos bem cientes hoje em dia de que os demais países produtores de novelas da América Latina, com a possível exceção de Cuba, criam realmente histórias banais, edulcoradas e previsíveis, enquanto o Brasil, há tempos, pelo menos desde *Beto Rockfeller*, fugiu a esse esquema.

2. Idem, p. 84

De qualquer forma, o conhecimento da teoria supra citada servirá para enriquecer-nos de mais dúvidas do que gostaríamos de confessar...

Voltemos à árvore...

Como já disse, portanto, no livro mencionado acima, a história principal, aquela que norteia todas as demais, é o tronco da árvore, cujas raízes se enterram no chão, que é o pensamento, a visão de mundo do autor.

Esse eixo de toda a trama pode ser de vários tipos, desde a simples história romântica de um casal de jovens impedido de amar-se, nas várias versões modernas de Romeu e Julieta, até aquelas em que a personagem principal é coletiva, e seus representantes pessoais são vários, como ocorreu na novela *Duas Caras*, de Aguinaldo Silva, com direção de Wolf Maia, na qual o protagonista, salvo erro, é a favela da Portelinha.

É de se notar, aliás, que um dos maiores problemas com que o autor deve ter se deparado é o caráter *coletivo* da personagem protagonista. Se, como parece, é mesmo a favela da Portelinha a personagem principal, será necessário, para que o público se oriente em relação a ela, ou seja, que surja a necessária *empatia*, que exista um *representante pessoal* desse protagonista coletivo.

Pareceu, a princípio, que esse representante, até pela força do ator, seria Juvenal Quaresma (vivido, na tela, por Antonio Fagundes). Mas a perspectiva de morte do protagonista criou uma perturbação no público e, talvez, na própria produção. Resolveu-se o problema fazendo com que a personagem "ressuscitasse", numa solução, até, pouco satisfatória. Pouco satisfatória, aliás, porque a irrupção de um acontecimento pouco realista, de realismo mágico, não havia sido preparada.

Quem está acostumado a observar a natureza já deve ter-se encontrado com árvores de tronco duplo, dividido, crescendo, apesar disso, com muita vitalidade. Igual coisa pode acontecer numa história dramática; às vezes o autor se propõe uma trama principal: seria Roque Santeiro, realmente, um herói? – e consegue levá-la até o fim sem intromissões. Outras vezes apresenta o seu *tronco*: conseguirá o grande capitalista de *Paraíso Tropical*, de Gilberto Braga, aliás magistralmente interpretado por Toni Ramos, reconstruir uma família e ter o herdeiro desejado?

Esse *plot* central foi bem conduzido e apresentado pelo autor. Mas o carisma de um casal – Olavo e Bebel – que constituiria apenas o enredo de um dos ramos da árvore, acaba por sobressair e fazer com que o tronco passe a ser duplo, ou, na melhor das hipóteses, venha a parir um subtronco.

4. Arquitetarás também muitas tramas secundárias como ramos da árvore.

Os ramos da árvore telenovela são as histórias secundárias, as tramas de menor importância, mas fundamentais para preencher as necessidades de um longo *culebrón* de aproximadamente duzentos capítulos. Os ramos são e devem ser muitos, bem propostos, férteis, sólidos, diversificados. Comportam núcleos cômicos, histórias românticas ou aventurosas, proposições baseadas em mistérios ou enigmas, que serão desenvolvidos e solucionados a seu tempo.

Essas ramas secundárias podem ser, ou não, bem-sucedidas em seu crescimento, e isso tem a ver com a proposta inicial, com a evolução dramática, com a produção em si, que envolve atores, direção, resposta de público e fatores outros de difícil identificação.

O fato é que, por isso, os ramos às vezes crescem muito mais do que o previsto inicialmente, e outras vezes são simplesmente podados, como brotos que não deram certo.

É conveniente, outrossim, que os diversos ramos estejam de alguma forma interligados, ou seja, que as histórias secundárias guardem entre si algum tipo de relação. Esse relacionamento pode ser criado, de fato, a partir da própria sinopse original, cuidando para que as tramas secundárias tenham personagens que se interliguem, que estejam presentes em mais de uma história e guardem interesses comuns, desenvolvidos nas várias tramas.

5. *Inventarás um núcleo de jovens que sejam inteligentes.*

Um pouco de ironia já se vê nesta proposição. É natural que a telenovela se valha da beleza, energia, vitalidade de jovens que, fatalmente, irão relacionar-se entre si em outras tantas histórias de namoros, ciúmes, rivalidades ou, simplesmente, ações enérgicas que ponham a história em movimento. Mas é preciso que as personagens que recheiam esse núcleo sejam interessantes, atraentes, não apenas por seu encanto físico – como muitas vezes acontece –, mas também por sua originalidade, inventividade, por alguma das qualidades que tornam a juventude tão atraente. Trata-se, enfim, de evitar estereótipos, nos quais o lugar-comum de beleza ou exuberância física ocupem todo o espaço que deveria ser dedicado à criação de *um caráter*. Já se disse e pode-se repetir que falamos aqui de um espetáculo audiovisual, de uma construção dramática feita para ser levada à tela. Todos os atuais recursos de preparação e aperfeiçoamento da imagem podem e devem ser utilizados. Mas nada substitui a criação de personagens sólidas, arquitetadas para que possam, por assim dizer, *manter-se em pé*. A pura aparência física, por mais agradável que seja, já se demonstrou insuficiente para esse fim.

6. *Inventarás também um núcleo de comédia que não seja ridículo.*

O núcleo cômico da telenovela brasileira a fez sobressair entre as demais que historicamente a precederam e, hoje, faz ressaltar o tom melodramático e convencional, por contraste, da maior parte do gênero telenovela latino-americana. Nesse sentido, a produção da já mencionada novela

Beto Rockfeller inovou e abriu caminhos para uma recolocação da ficção brasileira, ao introduzir um anti-herói protagonista, irreverente e bem-humorado.

Por consequência, a nossa televisão desenvolveu um talento especial para produzir atores que se prestam a esses papéis e situações. Existem casos ímpares de núcleos cômicos tão bem-sucedidos que chegam a tomar o papel principal do conjunto de ações. Confusões em botecos de subúrbio, em pizzarias de bairro, em condomínios de classe média têm sido responsáveis por alguns sucessos da telenovela brasileira.

7. Evitarás os encontros acidentais no mesmo restaurante e não colocarás personagens a ouvir atrás das portas.

Poder-se-ia substituir o enunciado acima com um simples *evitarás o lugar-comum*.

Já se tornou motivo de galhofa a quantidade de vezes em que personagens da telenovela são colocadas frente a frente, na maior parte das vezes motivo de constrangimento, no mesmo restaurante de Ipanema ou de Higienópolis. Esses encontros fortuitos devem ser cuidadosamente evitados. Existe uma infinidade de lugares, em grandes cidades, para fazer refeições ou tomar uma simples bebida, e não se justifica, a não ser invocando a necessidade ficcional de criar um momento de confrontação, a coincidência pura e simples.

É igualmente de se evitar o recurso à indiscrição que representa ouvir atrás das portas, recurso que acaba por justificar o conhecimento de segredos graves e confidências sutis. Pode parecer infantil a chamada de atenção sobre esse defeito, mas nos surpreenderíamos menos se puséssemos atenção na reincidência dos casos. O que, outrora, ocorria nos folhetins e melodramas, com a interceptação de cartas, hoje se resolve, muitas vezes, com as coincidências e os encontros inverossímeis.

Se esse recurso fosse apresentado de maneira crítica, estaríamos assistindo à introdução de um processo de *telenovela épica*, em que o próprio gênero se autocriticaria, apelando aos procedimentos narrativos consagrados por, entre outros, Bertold Brecht. Mas não é isso que acontece.

É notório, também, o recente desenvolvimento da apelação aos exames de paternidade por meio do DNA, que vieram substituir as medalhas herdadas, os sinais físicos existentes desde o nascimento e o testemunho das amas de leite, no antigo recurso do *reconhecimento*.

8. *Evitarás, portanto, uma vez mais, os recursos já reiterados: gêmeos idênticos, irmãos desencontrados, pais perdidos, amores proibidos, inocências resgatadas, velhas senhoras malévolas.*

É surpreendente, também, a repetição de chaves que garantiriam, segundo alguns, a adesão do público. Certos autores afirmam que, sem essas repetidas soluções-padrão, o espectador se sentiria sem apoio, e enfrentaria um território desconhecido.

Ignora-se, com essa argumentação, o evidente progresso da teledramaturgia brasileira, ao inovar, não apenas na produção, mas igualmente na redação, lançando para conhecimento do público temas inéditos, personagens polêmicas, conflitos novos e, enfim, toda a sorte de invenção em forma e conteúdo, para motivar a discussão e o conhecimento.

9. *Procurarás, no que esteja ao teu alcance, influir na seleção de atores, cenários, trilhas musicais.*

Metade do êxito de uma criação dramática televisiva pode ser creditada à produção: bons atores, cenários novos e adequados, boa iluminação, trato conveniente em externas. Enfim, atenção a todos os melhores recursos de que dispõe a técnica neste momento para levar a cabo uma gravação de TV.

Muitas vezes se tem visto que elencos mal selecionados põem em risco o êxito da produção. A escolha do ator ou da atriz mais indicado para determinado papel tem, sobretudo quando se trata de primeiros papéis, importância capital. É curioso, aliás, notar-se o que ocorre com os pares românticos, dentro do esquema ficcional. Nesses casos, os profissionais mais experimentados usam uma expressão cabal: *não tem química*. Isso significa, em linguagem de todo o dia, que o par escalado para levar avante a principal história de amor não se complementa, não se coaduna, não desperta no telespectador a impressão de que os atores/personagens de fato *se amam*. Dentro da conhecida *confusão*, que vem a ser, na verdade, quase uma *fusão* entre ator e personagem, que o espectador comum faz, o casal escolhido *não convence*, por falta de recursos, por falta de talento, ou, simplesmente, *por falta de química*.

É de se notar, por outro lado, o caso em que o espectador comum aceita, sugestionado pelo desejo de ser politicamente correto, ou simplesmente pela vontade de não se privar do seu divertimento favorito, um casal romântico determinado. Porém, a despeito de tê-lo aceito, *não empatiza com ele*. Sabe-se que aceitação intelectual é uma coisa e empatia, outra, muito mais ligada ao emocional, ao irracional. Concordando com a ruptura que propõe o autor, no campo das ideias, o espectador pode repudiá-la inconscientemente. Isso pode ocorrer em casos que envolvem problemas raciais ou sexuais, entre outros.

*10. Finalmente, não esqueças: tua telenovela deve ser
o teu retrato, como ser pensante e cidadão.*

Neste detalhe estarão expostas *as raízes* da árvore de que estamos falando. Tratar-se-á, por suposto, de uma obra-raiz, e não de um rizoma.

Aqui se colocam a ideologia, a visão de mundo, o *etos* (*caráter*) e a *dianoia* (*pensamento*) do autor. Ninguém escreve *qualquer coisa*; o que escrevemos é o retrato do que somos, da maneira como encaramos o mundo, a nossa realidade, os nossos semelhantes. Ainda que se esteja escrevendo uma simples novela de época, com seus escravos, senhores, feitores e mucamas, estaremos sempre colocando-nos em relação a esse mundo, a essa criação, a essas relações. A neutralidade inexiste. Ninguém é neutro. Muito menos no universo das ideias.

Mas entra aqui o contraponto do que acima ficou dito, ou seja, entra aqui a hora de sermos novamente *dialéticos*. Hora feliz!

Sim, porque há que pensar, também, aqui e agora, no valor *liberdade*. Em arte, já dissemos, tudo é permitido e nada se deve proibir. Como estamos de acordo em que a televisão e, por consequência, a telenovela é, pelo menos em parte, um fato artístico, temos que convir que, assim como não se deve vetar ao autor o direito de contrariar as regras, deve-se permitir a ele igual direito de *inovar*.

Suponhamos que um dramaturgo não queira incluir na sua novela um núcleo cômico... Ou que ela seja composta unicamente de personagens jovens. (Aliás, a primeira hipótese ocorreu em várias telenovelas de Jorge Andrade, e a segunda, em pelo menos uma *soap opera*, há anos presente na tela, *Malhação*, da TV Globo, que tem como núcleo principal um grupo de jovens personagens.) Ou, ainda, que o autor queira fazer transcorrer uma telenovela inteira numa única noite de festa, como fez Bráulio Pedroso, em 1972, pela Globo, com a malsucedida *O Bofe*, ou que queira situá-la no terreno do realismo mágico, como aconteceu algumas vezes com Dias Gomes. Tudo isso deve ser-lhe facultado, para que ele seja verdadeiramente um criador e que sua obra derive, de fato, das raízes de sua árvore, da sua visão de mundo e de suas reais concepções do que é ser um artista.

PRINCIPAIS OBRAS DE TELEDRAMATURGIA CITADAS[1]

Minisséries

A Casa das Sete Mulheres – Globo, 2003
Anos Dourados – Globo, 1986
Dalva e Herivelto – Globo, 2010
Maysa – Globo, 2009

Seriados
Dramáticos

A Justiceira – Globo, 1997
Bonanza – 1959
Carga Pesada – Globo, 1979 / 2003
Dallas – CBS, 1978 (EUA)
Dinastia – ABC, 1981 (EUA)
Joana – Manchete, 1985
Malu Mulher – Globo, 1979
Plantão de Polícia – Globo, 1979

---

1. O ano informado é o da estreia.

Humorísticos

A Escolinha do Professor Raimundo – Globo, 1990
A Praça da Alegria – TV Paulista, 1957
A Praça É Nossa – SBT, 1987
Chico City – Globo, 1973
Escolinha do Golias – SBT, 1990
Estados Anysios de Chico City – Globo, 1991
Família Trapo – Record, 1967
Os Trapalhões – Globo, 1977
Planeta dos Homens – Globo, 1976
Sai de Baixo – Globo, 1996
Super Bronco – Globo, 1979
Viva o Gordo – Globo, 1981

Mininovela

O Fim do Mundo – Globo, 1996

Novelas

A Indomada – Globo, 1997
A Próxima Vítima – Globo, 1995
Beto Rockefeller – Tupi, 1968
Carrossel – Televisa, 1989
Duas Caras – Globo, 2007
Escrava Isaura – Globo, 1976 / Record, 2004
Gabriela, Cravo e Canela – Globo, 1975
Malhação – Globo, 1995
O Bem-Amado – Globo, 1973 / 1980 (seriado)
O Bofe – Globo, 1972
O Direito de Nascer – rádio-novela cubana da década de 1940
O Salvador da Pátria – Globo, 1989
Paraíso Tropical – Globo, 2007
Pedra Sobre Pedra – Globo, 1992
Rebelde Way (atualmente *Rebelde*) – Azul TV, 2002 (Argentina) / Televisa, 2004 (México)
Roque Santeiro – Globo, 1985
Saramandaia – Globo, 1976
Tieta – Globo, 1989
Um Anjo Caiu do Céu – Globo, 2001

Unitários (inclusive Caso Especial e Brava Gente)

Câmera Um – Globo, meados dos anos de 1950
Morte e Vida Severina – Globo, 1981
O Enterro da Cafetina – Globo, 2002
Sapicuá – Globo, 1976
Sarapalha – Globo, 1976

DA AUTORA

Curiosamente, o interesse pela dramaturgia e pela televisão, que hoje me ocupam tanto tempo e me consomem tanta energia, entrou bastante tarde na minha vida.

No início, cheguei a pensar que seria advogada, uma advogada com um vício secreto: a poesia, que nunca deixei de escrever. Mas depois, com o passar do tempo, comecei a escrever cada vez mais, a advogar cada vez menos e, mesmo, a dar aulas na universidade.

Hoje, dou menos aulas e escrevo quase em tempo integral. Escrever, ler, viajar, ter amigos e beber bom vinho são as coisas que mais gosto de fazer.

Tenho alguns prêmios que aprecio muito: o Molière, de teatro, o Jabuti, de poesia, o APCA, de tradução, entre outros. Tenho versões de meus trabalhos publicadas pelo

NA FOTO: *A autora, Renata Pallottini, e Garibaldo (Laerte Morrone) no set de* Vila Sésamo, TV Cultura, *1972. Arquivo pessoal.*

mundo, por onde ando também fazendo conferências e oficinas de trabalho.

Meus últimos livros foram:

POESIA

Obra Poética, Hucitec, 1995; *Um Calafrio Diário*, Perspectiva, 2002; *Renata & Other Poems*, Host, 2004; *Poemas Adolescentes*, Escrituras, 2007; *Chocolate Amargo*, Brasiliense, 2008; *No Céu do Cachorro*, Giodanus, 2011.

PROSA/ROMANCE

Ofícios & Amargura, Scipione, 1998; *Chez Mme. Maigret*, Global, 2011.

DRAMATURGIA

Teatro Completo, Perspectiva, 2006.

INFANTIL

Anja, Quinteto, 1997; *As Três Rainhas Magas*, Brasiliense, 2002.

ENSAIOS

O Que É Dramaturgia, Brasiliense, 2005;

E, agora, *Dramaturgia de Televisão*, reeditado pelos meus amigos da editora Perspectiva, que eu espero, sinceramente, venha a ser uma leitura útil e prazerosa.

Este livro foi impresso na cidade de Cotia,
nas oficinas da Meta Brasil,
para a editora Perspectiva.